大是文

完美的擺脫

家人、感情、朋友、職場……
不能逃跑的人際關係，
如何不再煩惱？

「自分を苦しめる嫌なこと」から、
うまく逃げる方法

知名心理諮商師
大嶋信賴——著
林信帆——譯

目錄

推薦序一　想完美的擺脫，先了解孤獨是什麼／劉中薇……9
推薦序二　那看似擺脫不掉的，背後都有原因／蘇益賢……15
前言　無法擺脫折磨你的人，不是你的錯……19

第一章　我也想逃，但就是走不了……23

1 網路照片越現充，現實生活越孤獨……24
2 明明是苛刻的對待，你卻把這當成愛……28
3 幼年時得不到母愛，造就了我的孤獨體質……33

4 團隊精神是什麼？我從來不懂……39

第二章 無法擺脫這些人？因為你上癮了……47

1 都是腦內嗎啡惹的禍……48
2 酒精成癮症，並不是對酒精上癮……54
3 罵人與被罵，腦部都會出現快感……60

第三章 孤獨情緒的變體，嫉妒……67

1 嫉妒是因為恐懼——害怕落單……68
2 雙親會嫉妒小孩，醫生會嫉妒患者……73

3你常找人訴苦？當心越訴越苦……80

第四章 孤獨無須排遣，過了就會好……87

1你以為在替對方著想，其實不然……88
2有些情緒你要放著，不要處理……95
3這個神奇咒語可以幫你擺脫：我奉獻此時此刻……102

第五章 擺脫家庭中，令人厭煩的嘮叨……107

1總把「我是為你好」掛嘴上……108
2長期困在痛苦中，人只學會了放棄……114

3 父母會嫉妒孩子的婚姻……121

第六章 老遇渣男，怎麼辦？……129

1 常因男友的小舉止而發怒……130
2 不性愛就心不安！難道我有性成癮？……135
3 渣男退散！靠這句魔法咒語……140

第七章 朋友不用多，只挑選你想深交的……145

1 天鵝因為寂寞，只好跟鴨子走……146

2 退出群組，你需要被討厭的勇氣……152

第八章 天天想離職，就是走不了！……161

1 擊退職權騷擾的聰明選擇……162
2 職場金律：千萬不要替別人著想……171
3 別傻了，你只是看起來很努力……176

第九章 擺脫「沒用的自己」……183

1 想戒酒，就要正視真正的自己……184

2 想戒賭，只要不再扮好人……189
3 工作老做不久，問題可能出在你的母親……195

後記

無法擺脫，是因為我想找回失去的母愛……203

推薦序一

想完美的擺脫，先了解孤獨是什麼

溫暖療癒系作家、編劇／劉中薇

你是否曾遇到一些事情，讓自己痛苦不已，很想擺脫，可是做不到？爛情人、霸凌者、壞同事、機車主管、情緒勒索的父母？在本書中作者解釋，我們腦中所創造的「孤獨」，正是主因。因為無法擺脫的痛苦會刺激孤獨，進而分泌出腦內嗎啡，讓人無法逃避。

搞了半天，都是「孤獨感」在作祟。

可是這世界上，能有多少人不覺得孤獨呢？若問一句：孤獨的人請舉手！你肯定不會孤單的。

作者本身就是從小常常湧起孤獨感的人，他從自己的成長經驗開始反思研究，孤獨到底是怎麼產生的？

最後作者在一份二〇一六年發表的研究報告中，找到了答案。麻省理工學院的研究團隊，用大鼠做實驗，找出了腦部感受孤獨的部位，也就是「背側縫核」。研究發現，相較於集體飼養的大鼠，在孤立狀態下長大的大鼠，背側縫核的細胞會比較活化。

也就是說，一個孩子如果在零歲到一歲之間，沒有充份感受到母親的關愛擁抱，就會因此活化了背側縫核的細胞，塑造出孤獨體質，這會讓人太在意周遭，讓當事人無法停止過度為他人著想，或不替對方著想就會坐立難安。作者就是在嬰兒期缺乏母愛，造成他成年後每每遭遇痛苦，卻找不到擺脫之道。

我想起育兒圈裡盛傳的「百歲醫生派」跟「親密育兒派」。百歲醫生派主張，「今天你不讓寶寶哭，明天寶寶讓你哭」，因此要規律訓練嬰兒，即便哭了也不必立即回應。但親密育兒派主張要回應嬰兒的需求，這樣他們才會有安全感，進而發展對人的信任。

對照本書作者的觀點，「親密育兒派」能夠大大降低孤獨體質。我個人非常後悔曾經短暫採用了百歲醫生的做法，看完本書，真慶幸我很快就向親密育兒派靠攏。

不管用什麼方式，我們終究是長大了，也或多或少會覺得孤獨、寂寞，當孤獨感襲來，該怎麼辦？

作者不斷提及：「孤獨是一種腦部的發作。」越想排解，就會越嚴重。而排解孤獨的最佳方法，就是「不刻意排解」。

這方法挺玄妙，更偏向修行。

書中說，當孤獨感發作時，首先要認同它的發生，接著就交給潛意識去運作，如此就能擺脫由意識創造出的幻想孤獨世界。（這境界高啊！）

好比，主管罵你是公司累贅，或是老公罵妳是閒閒沒事的家庭主婦。當你感到憤怒、滿腦子都在罵對方時，其實是你自己的孤獨感發作。同時，對方也深陷在孤獨中（因此導致毀滅行為）。

這個時候，不用想著如何去對付他，應該認同：「對方跟我一樣，只是孤獨發作，不是我的問題。」（這樣可以避免誘發出自己的孤獨感。）當下決定不再浪費時間怨恨對方，就能完美擺脫孤獨的束縛，獲得自由。

有個笑話說：「你愛我哪一點？」「離我遠一點。」

看來不是笑話，很實用。所以老公心情不好、孤獨發作的時候，老婆要識相走遠一點，反之亦然。

書中提出許多探討，好比：母親總是把「我是為你好」掛在嘴上，該如何擺脫？捨不得丟東西的人，如何脫離垃圾屋？如何和渣男斷得一乾二淨？其中有一項，在網路世代超有感，就是：我就是忍不住想看，有多少人按我讚！

看完這篇推薦文，我就是忍不住想知道，你按讚了嗎？（啊！我孤獨感犯了！）

推薦序二

那看似擺脫不掉的，背後都有原因

臨床心理師、初色心理治療所副所長、企業心理講師／蘇益賢

人類是社交的生物，從出生那一刻起，小嬰兒因無法自理生活而感受到的無助、恐懼與擔心，為人與人之間連結的必然性寫下了基調。但矛盾的是，在逐漸成長的過程中，我們也會慢慢意識到，過多的連結也會帶來問題：你不是你的父母，也不是你的孩子，我們每個人都是獨立的個體。

最理想的狀況是，我們能在連結與獨立之間，找到一個平衡點，既能

享有連結帶來的親密與安心，也能在獨立的過程中沉澱，慢慢找到獨處的自在。

但理想終究是理想，行走在摸索「連結與獨立」平衡點的路上，充滿著許多挑戰。許多人未能在身心發展的路途上，完成這個任務。有的人缺乏好的連結經驗，而對世界與人類充滿不信任，面對連結時開始習慣逃避。有的人則缺少良好的獨立經驗，對於自己能否信任自己一事充滿懷疑，成為一個害怕獨立的人。

不管情況為何，當這份「未完成」的任務，被帶進了長大成人的世界之後，勢必也會讓我們在親密關係、職涯工作、家庭關係等不同領域中，衍生出更多複雜的難題。

本書以「擺脫」為主軸，探討從家庭、兩性到職場等諸多議題時，都以此為基礎。讀過本書後，讀者會發現，那些我們想擺脫的，背後必然反映出我們在「連結或獨立」等議題上的狀態。好比說，因為害怕被討厭，而強迫自己持續保持與他人的連結；因為感到不公平，而刻意選擇孤離；因為無法忍受自處的感受，而擺脫不了困擾自己的交友關係……。

學者研究人類心智經驗（如思考、情緒、感受）許久之後，所做出的小結論不免讓人感到傷悲：「越不想要，越躲不掉。」那些我們想擺脫的一切，也許註定會以另一種方式再次出現。那該怎麼辦？某種程度來說，人類直覺、反射式的逃避與擺脫，並不是全然的無用，只是它的效果往往很短暫。

倘若我們真想找到有用且持續的方法，或許第一步應該是：停下來，看清楚你到底想擺脫什麼？表面上，我們急著脫離、閃避的狀態，又在內心層面，映照著我們什麼樣的心理狀態？

若只把視角停留在表層，便難以了解每個「擺脫之舉」背後，潛藏的許多動力。本書的諸多案例，皆是類似的狀況。你會看到許多人沉迷菸酒、網路或有害的人際關係中。表層來看，只是成癮的壞習慣，但深層其實是為了擺脫心中的孤獨感。短期來看，也許多少能轉移注意力；但長期而言，卻也預告了下次孤獨感受來襲時，力道之猛烈。

擺脫與逃避，本身沒有好壞。但如果能深入了解自己這麼做的真正用意，將更有可能做出有智慧的決定。

前言

無法擺脫折磨你的人，不是你的錯

在人際關係、職場或工作上，經常會遇到折磨自己，想擺脫卻擺脫不了的討厭事物。

不過看一下身旁，卻有很多人能巧妙、順利的擺脫。過去的我一直以為，遇到討厭的事情時選擇不逃避，才對人生有幫助，並在心中一直批評他們：「那樣逃避，會讓人生缺少深度。」

只不過，當我到了一定的年紀之後，回顧過往人生卻發現：「奇怪？原以為選擇不逃避對人生有益，但最後我的內心卻沒有因此變得富足。」

「原以為選擇不逃避的人，在精神上能有所成長，結果卻完全沒有！」我對這樣的結果感到訝異，並帶給我很大的衝擊。我一直以為，不斷逃避會讓人生變得空虛；但最後變得空虛的，反而是想逃卻沒逃的我。

因為害怕被討厭、因為害怕逃避後還是失敗、因為害怕被笑膽小沒骨氣——這些都只不過是因為我沒勇氣逃避，而說出的藉口。想擺脫卻擺脫不掉，人生宛如陷入泥沼般，這句話非常適合套用在我身上。

或許有不少人會覺得：「與其有時間想東想西，不如趕快擺脫或改變現狀，不就好了嗎？」可是，只要一陷進去的話，真的逃不了！

然而，當我了解「為什麼無法擺脫的心理機制」後，我就可以輕鬆甩開一切。我反倒明白了，之所以無法從中脫身，是因為誤解了無法擺脫的原因。「原來逃避不了，不是自己的錯！」此後我不再責備自己，也能果斷的離開讓自己痛苦的情緒，自由的做想做的事。

正如本書之後會詳細解說的，我們的腦創造出的「孤獨」，是你無法逃避的原因。因為無法逃避的痛苦會刺激孤獨，進而分泌出腦內嗎啡，讓你逃不了。

另外，有時周遭人會散發出看不見的嫉妒：「憑什麼只有你能擺脫痛苦、獲得自由！」這導致你無法逃離，本書中也會介紹這項機制。閱讀本書後，你會了解這一切都是有關聯的，周遭人會製造出一種情境，讓你無法靠自身意志脫離。

最後，我會介紹一個無法逃避的終極原因，那就是「來自母親的愛」。理解這一點後，你便能獲得真正的自由，能夠毫不猶豫的擺脫一切。因為你的心情會變得輕鬆，開始覺得：「今後我只要自在的擺脫討厭的事物，選擇嚮往的人生就好！」

我由衷希望本書能幫助各位讀者，享受真正自由又有益的人生。

第一章

我也想逃，但就是走不了……

1 網路照片越現充，現實生活越孤獨

我在為客戶做心理諮商時，常會有人說：「我知道看了社群網站之後，心情會很低落，但就是忍不住想打開來看！」

有些人在推特（Twitter）等社群網站上看到一些「現充」（按：日本網路用語，指現實生活過得很充實）的人，就會埋怨自己的生活怎麼如此悲慘，並湧現嫉妒和厭惡的情感。話雖如此，還是會忍不住點開頁面。

或許你會覺得，「既然這麼討厭，不看不就好了」，但對他們而言，看別人的社群網站已經成了習慣。

就是忍不住想看有多少人按我讚

有些人逛社群網站時，會覺得：「其他人的貼文都有人按讚，為什麼我的沒有！」明明每次都很難過，但還是忍不住想要貼文。

「我要寫出更好的內容，得到更多的讚才行」或「我必須把更多好看的照片上傳到Instagram」，越想要排遣孤獨，反而會讓他們更沉迷於社群網站、無法抽身。

為什麼戒不掉？因為他們之所以會去看社群網站，是為了排解自己的孤獨。**越是愛用社群網站的人，越是孤獨**。為了排遣這份孤寂，就會不斷檢查按讚數或留言，結果反而讓自己陷入更孤獨的迴圈，無法擺脫。

「想排遣孤獨，卻讓自己深陷其中」，這是一種非常有趣的狀況。我以前也是這種類型的人，所以非常清楚。

流連社群網站，朋友不增反減

有些人會在社群網站不斷封鎖看不順眼的人，最後氣到關帳號，發誓再也不打開。但沒過多久又會重啟帳號，另開新的話題。這是因為他很孤獨，所以戒不掉。結果，又因為別人惹自己不高興而關帳號。

一直重複這樣的行為，會讓自己變成名副其實的孤獨者。當他們越是如此，就會越想靠社群網站來排解，最後反而被孤獨牢牢支配，這只能說是一種惡性循環。

你或許也曾有這樣的經驗，好幾年沒見的學生時代友人，突然透過臉書（Facebook）和你聯絡，或是自己在意而主動搜尋過去的朋友。我透過社群網站聯繫朋友時，偶爾會重新感受到，學生時代和同學、朋友之間彼此「心靈無法相通」的感覺。

如果他們對我現在的工作感興趣或表示理解，或許能稍微排遣我的孤獨，但從沒發生過這種事情。他們會寫一些留言，看似了解我，但仔細一看都是場面話，這反而讓我深受打擊。

過去還未出現社群網站時，就曾感受到的「心靈無法相通的孤獨」，如今我又在社群網站上再次體會到了。反過來看，正因為大家內心都很孤獨，所以才會拚命在這些平臺發表文章或上傳照片，以為持續玩社群網站，能消除不為人知的孤寂。

2 明明是苛刻的對待，你卻把這當成愛

如果我現在能和國中的自己對話，我會告訴他：「要確實擺脫霸凌者！」但我知道他會說：「我就是逃不掉啊！」

「那為什麼其他人逃得掉？」我想這麼回嘴，但試著回想當時的狀況，便能理解我是因為孤獨而無法逃離。

就算回到家了，體弱多病的母親也總是一副痛苦的表情，當時我很孤單，感受不到母親的溫柔或家庭的溫暖。被人霸凌到流淚的悽慘樣貌，都好過在家感受到的孤獨，直到現在我依舊忘不了那種感覺。

為什麼就是離不開霸凌者？

還有一個原因，讓國中時代的我無法擺脫霸凌者，那就是我會覺得「如果我逃避了，那麼霸凌我的人就會變得孤獨」，當時的我因為孤單而十分難受，如果我擺脫這一切，那麼霸凌者也會變得孤獨，這樣實在是太可憐了！

當時我這樣告訴老師，老師卻罵我：「你沒有勇氣對抗或擺脫霸凌者，所以才會拿這種冠冕堂皇的理由當藉口。膽小鬼！」但因為我十分明白自己內心的那股孤獨，所以說什麼也無法讓其他人，遭受和我相同的處境。

主管很糟糕，我卻不想被他捨棄？

出社會後，我遭受主管苛刻的對待，卻依舊在那家公司待了十年以上、無法辭職。

當時我認為：「如果我逃走的話，人家會覺得我沒種。」也相信總有一天，這段經歷會幫助自己，所以才不斷忍耐。但實際上，我只是因為害怕：「要是被主管捨棄，我會因為沒人搭理而孤立。」

因為我擔心，要是我逃走了，主管會在背後說我壞話，到時候大家肯定不會再理我。而且想到自己辭職後，主管孤伶伶坐在位子上的身影，也會讓我覺得無法捨棄這個人。甚至我會擅自解釋，認為：「主管對我這麼苛刻，或許背後是源自對我這個部屬的愛。」

因為我在孩提時代受過雙親苛刻的對待，所以我一直相信，對方是因為愛我，所以才會對我這麼嚴格。我還會覺得，苛刻的對待是疼愛的表現。跟這個人在一起，或許能消除我內心的孤獨。

我沒辦法辭職的另一個理由，是因為當我和周遭人聊公司的事情時，對方會深有同感的說：「那種爛公司，趕快辭職比較好！」雖然只有一瞬間，但這時我覺得自己內心的孤獨彷彿減輕了不少。我以為在苛刻主管的麾下拚命工作，會讓周遭人認同我，這多少釋放了我心中的孤獨感。

說到「無法逃離」，我還曾遇過這樣的情況。

某次在電車上，我旁邊坐了一位態度很囂張、而且外表很可怕的大叔。這位大叔翹著腳，鞋底好幾次碰到了我的褲子。這時我心中萌生出一股正義感，覺得大叔這樣很過分，但我卻說不出半句話。而且，我也無法起身離開現場。

之所以無法逃離，不是因為我膽小又不會打架。

那又是為什麼？拿孤獨這個關鍵字一套，就能理解箇中原因。

當時我覺得，只有我自己受到可怕大叔惡劣的對待，「只有我自己」這句話是重點，也就是因為我感受到強烈的孤獨，才會無法行動。一想到只有我老是這麼倒楣，或只有我這麼不幸，就會引發我內心的孤獨，所以讓我動彈不得——注意到這一點後，我突然間想通了。

3 幼年時得不到母愛，造就了我的孤獨體質

為何我老是「這麼替其他人著想」？這一點一直讓我很在意。跟他人見面時，我常常會因為過度在意對方的心情而坐立難安，我自己也病態般的戒不掉這種習慣。

在我開始學習心理學之後，我開始懷疑，這可能是源自孩提時期，我和雙親之間的關係。雖然這麼想，但在我內心某處，還是責備自己：「把自己的缺點怪罪在父母身上，實在太難看了。」

直到某天，我找到一篇研究論文，提到在以大鼠為對象的實驗中發現，大鼠在零歲到一歲時，如果雙親疏忽照顧（按：原文為Neglect，意即缺乏擁抱關愛），掌控緊張的腦內荷爾蒙開關就會損壞（一直處於緊張的狀態），使得這隻大鼠無法和其他大鼠變成同伴。

「原來這就是我感到孤獨的原因！」我想通了，因為在成長過程中，我不曾感受到滿滿的母愛，我沒有這樣的記憶。

不過，我倒是有完全相反的記憶。

在我小時候，父親不忍心母親因為育兒而煩惱，於是每天早上會用貨車載著我一起去上班，趁工作閒暇之餘一邊照顧我。有天晚上，我們回家後，母親前來迎接，她幫我打開了貨車門，結果沒想到靠著車門熟睡的我，直接從貨車椅子上重摔到地面。

當時母親卻不發一語，冷眼低頭看著嚎啕大哭的我。

「妳在幹嘛啊！」父親吼了母親一聲，衝過來把我抱了起來。我一直記得這件事情。

其實我母親在懷孕時搞壞身體，我的哥哥還在母親肚子裡時，就已經死亡。目前已經知道，女性經歷過流產或死產後，催產素的分泌就會出現問題（催產素會讓母親對小孩產生關愛與照顧之情）。

直到最近，我才知道這件事，猜想母親當時可能就是這樣吧。

我母親無法熱情擁抱我，是因為荷爾蒙分泌出問題，直到此刻我才明白：「母親不是因為討厭我，才故意那麼做的。」

我會一直顧慮他人的心情，似乎是因為我在零歲到一歲之間，得不到母親充分的關愛，所以才會產生孤獨體質。這也讓我想通了，因此我的孤獨感才會比其他人更重。

研究發現，之所以過度在乎他人，是因為腦部機制

麻省理工學院（ＭＩＴ）的研究團隊，在二〇一六年發表了一份報告，他們用大鼠做實驗，找出了腦部感受孤獨的區域，也就是背側縫核。研究進一步發現，相較於集體飼養的大鼠，在孤立狀態下長大的大鼠，背側縫核的細胞也會比較活化。

搭配前面介紹的實驗結果來看，如果孩童在零歲到一歲之間得不到母親的關愛擁抱，而體驗到孤立，就會因此活化背側縫核的細胞。結果會讓一個人過度在意周遭人，讓當事人忍不住過度為他人著想，或不替對方著想就會坐立難安。

我的情況是因為母親疏忽照顧，使得我的背側縫核的細胞被活化，所以我經常感受到孤獨，也才會導致我過度為他人著想。

長男較受母親關愛，次男會變孤獨？

我明白這個機制後，又理解到另一個有趣的孤獨機制。

那就是，如果第一胎是男孩，母親的基因傾向會比較強；第二胎如果也是男孩，則父親的基因傾向較強。也就是說，母親比較會去擁抱基因比較像自己的小孩。

我在做心理諮商時，聽到很多人會說：「我不知道為什麼，總覺得媽媽比較冷落我。」要回答這個問題，這裡提到的孤獨機制就是重點之一。正如前述例子的次男，如果父親的基因傾向較強，母親就比較少去擁抱這個小孩，所以小孩會感受到孤單。

「媽媽會抱哥哥，可是都不抱我。」身處這種孤立狀況，腦部感受孤獨的區域就會活化。這樣的人長大後，比較容易感受到孤獨。

第一胎如果是女孩，就會和男孩的情況相反，父親的基因傾向會較強，所以母親就比較不會去擁抱這個小孩。第二胎如果也是女孩，會因為繼承母親的基因，所以母親比較常擁抱她。在這種情況下，長女會覺得「只有我得不到溫柔的擁抱」，長大後同樣會感受到孤獨。

但母親不會察覺到，自己對小孩的疼愛是依生產順序而異。每個母親都會說：「我對自己的小孩都一樣。」但實際上，母親會基於小孩顯現的基因傾向，而觸發動物本能，不自覺的在疼愛小孩的方式上出現差異。

4 團隊精神是什麼？我從來不懂

在我讀高中時，學校會舉辦校內合唱比賽，因為我參加了銅管樂隊社團，所以老師要我擔任指揮。

我明明不是自願擔任指揮的，但就是會有愛欺負人的同學罵我太臭屁，然後揍我的臉。當時我淚流不止，練習也因此中斷。雖然發生了這種事，但我們班還是在比賽中奪冠。同學邊哭邊握住彼此的雙手，喜極而泣的分享喜悅。

我想，這件事對班上同學來說，應該是學生時代的一大話題吧。

奪冠的喜悅團結了大家的心，這點連我也能想像。但我就是沒辦法像其他人一樣，感受到團隊精神，也感受不到喜悅，反而覺得更孤獨。

大家越開心，我就越覺得自己被排除在外。

我在高中時期的運動大會上，也有這種感受。我的班級在班級對抗接力賽中奪得第一，大家都很感動，唯獨我很平靜，這同樣讓我覺得被排除在外。我試著假裝自己很開心，但還是沒用。心中的孤獨感只會越來越強烈，讓我在班上變得更孤立。

我原本心想：「會不會是因為我以前被霸凌過的關係？」但之後在其他場合也一樣，我還是無法和大家一起感到喜悅，我就是無法融入其中。

我在學生時代交女朋友時，也感受不到彼此的親密感覺。

兩人牽手時，我內心會想：「對方會不會討厭這樣？」、「她會不會覺得無聊？」女方也感受到了我的想法，這讓雙方的關係越來越冷淡。我內心的孤獨也逐漸膨脹，越是急著想排遣孤獨，結果反而讓兩人的關係更惡化，不斷重演這樣的過程。

團隊精神是孤獨創造出的幻想

在工作上也一樣。團隊一起執行專案時，彼此的合作會越來越順利，成員的團隊精神也會逐漸增強。但在這當中，只有我感受不到，而且孤獨感不斷加重，最後只好主動離開團隊。

明明只要繼續留在該團隊，我就能在公司出人頭地，也能有豐厚的收入——該團隊十分優秀，甚至優秀到會讓我產生後悔的念頭。可是大家越有團隊精神，我就越覺得孤單，最後實在無法忍受，才會拋下團隊、選擇離開。

當我越想假裝自己有一個團隊，「唯我獨孤」的感覺就會越強烈，現在來看，這是因為我腦中緊張的開關與一般人不同，使得腦部感受孤獨的區域被活化，所以再怎麼努力排解都沒用。

應該說，團隊精神本身，就是孤獨創造出的幻想。

就像有句話說：「人出生時就是一個人來，離世時也是一個人走。」人本來就是孤獨的。本當孤獨的人類集合在一起，會讓人們覺得更孤獨。為了逃避這種感受，一群為孤單所苦的人所創造出的幻想，就是「團隊精神」。

感覺到與團隊融為一體，就能逃離心中那份孤獨的牢籠——人類被這種幻想囚禁，結果得不到半點群體感，而變得更孤寂。

大家出生時都是一個人來，離世時也是一個人走，所以每個人理當都會感覺孤獨。因為不想承認這一點，才會想要相信除了自己之外的其他人，會因為覺得與團隊融為一體，而能夠逃離孤單。

這種幻想更強化了孤獨，從過去以來就一直折磨著我。

三歲之後，我的內心不再成長

我一直很擔心會被父母拋棄，即便我長大了，這種終極的孤獨還是讓我拚命思考：「父母希望我變成什麼樣的人？」所以不管做什麼事，以前我都會想著要符合雙親的期許。如果我不覺得孤單，可能完全不會去想雙親對我的期待是什麼。

我想做自己真正想做的工作，像其他人一樣活得自由快樂！可是我做不到，因為我害怕會被別人拋棄，因而覺得孤獨。

當孤獨感來襲，以前我會花大把時間沉迷在性幻想中，但事後又會後悔，陷入惡性循環。我心裡會想：「其他人應該不會把時間浪費在這種事情上，或是做這種罪惡的事吧。」結果我反而被罪惡感重重包圍：「就只有我在做這種丟人的事。」

如此一來，我的孤獨感又會更強烈，甚至會讓我去做自己不想做的事，浪費人生、時間。如果我不孤獨，我就能輕鬆拋下不愉快的事情，也能更有意義的利用時間。我心裡清楚明白這一點，但是我做不到。

因為孤獨的力量真的很強大。

無法理解我心中感受的人，大概會說：「正因為覺得孤獨，人才能成長、成為有同理心的人吧。」或是說：「拚命努力想逃離孤獨，這個舉動絕對不是浪費時間，也造就了現在的你。」

但這是因為他們不知道，我心中那份無法擺脫的孤單，有多麼黑暗。因為內心孤獨，所以不管做什麼，都會覺得空虛和枉然。因為孤獨，我總是覺得自己的內心，從三歲之後就不再成長，永遠無法逃離那股徬徨與不安，不斷追求母愛溫暖。

沒有人願意理我，讓我悲痛欲泣的感覺一直追趕著我，我無法逃離，內心的孤獨日益強烈，把我逼到絕望的深淵。

「這樣的我，是不是就算活著也沒意義？」孤獨讓我萌生這種念頭。我不停徘徊、想追求團隊歸屬感來療癒孤單，但怎麼也找不到，越是努力就越寂寞，一直深陷痛苦之中。

第二章

無法擺脫這些人？因為你上癮了

1 都是腦內嗎啡惹的禍

在電影等娛樂世界中，性愛、藥物毒品、暴力一直是暢銷的三大要素。的確，觀察熱賣的電影，你會驚訝的發現，其中的確少不了這三者。目前已知只要觀看性愛和暴力的場景，腦部就會分泌β-腦內啡這類俗稱「腦內嗎啡」的物質。腦內嗎啡會讓你心情愉悅，會帶給你彷彿從某種煩惱中解放的感覺。

但施打毒品的場景與性愛場景不同，觀眾不會因為看到嗑藥的人，就想要體驗相同的感覺；而是因為電影角色染上毒癮而無法逃離的狀態，讓人聯想到痛苦和恐懼，而分泌腦內嗎啡。

我有一個朋友非常喜歡潛水艇相關題材的電影，因為對他來說，想像「封閉在潛水艇內無法逃避」、充滿壓迫感的情境，就是一種無法忍受的快感。

如同看到施打毒品的場景一樣，人類會迷上無藥可救或無法逃離的情境。換句話說，會因此對腦內嗎啡成癮。

痛苦和恐懼都會讓人欲罷不能

一聽到「你可能已經對〇〇成癮」這句話，想必大多數人都會持否定態度，認為與自己無關。這是因為他們在逃避，不想承認自己上癮。在專業術語中，這稱為「否認」（denial）。

例如，實際上對某樣東西成癮的人，在閱讀標題中含有「〇〇成癮」字句的新聞報導時，會強調自己毫不在乎，表示：「我對〇〇毫無興趣。」或是感到憤怒：「這篇報導讓我看了很火大。」有些人甚至完全無法理解報導的內容，或是理解了也記不住。

簡單來說，之所以會發生這種現象，是因為他們覺得，如果承認自己上癮，就必須捨棄上癮的目標物。成癮是不好的，必須戒掉，可是自己卻無法割捨成癮的東西……這種心情會讓他們產生漠視或氣憤的反應，讓自己忽視成癮的事實。

然而，成癮能維持腦內荷爾蒙的平衡。

舉例來說，把工作視為生存價值的工作狂，因為退休等原因而離開職場後，可能會出現咳嗽不止等類似感冒的症狀，或是陷入憂鬱狀態。這是因為當事人斷絕了對工作的癮，使得腦內的荷爾蒙失調。戀愛中的人如果失戀，出現了胃不舒服、食慾異常或焦躁等狀況，也是基於相同的道理。因為對戀愛的癮遭到阻斷，使得腦內荷爾蒙失調。

成癮與孤獨其實是好朋友

當我們思考成癮問題時，有一個重點，那就是「孤獨」。其實對工作或戀愛成癮時，會因為分泌腦內嗎啡，而麻痺了腦部感受孤獨的區域。不過，這只是暫時性的，這個區域之後反而會變得比過去還要活躍。

換句話說，當人們開始對腦內嗎啡成癮，消退之後的孤獨感就會更強烈，所以需要更強烈的癮，進而陷入惡性循環、無法逃離上癮。

孤獨還有個有趣的作用。人的腦部平常會流過微弱的電流，但是當心中浮現「自己可能會孤獨」的危機感時，就會有強烈的電流，一口氣流過腦內。這會使人出現突發性的毀滅性人格、身體僵硬且動彈不得、不記得當下發生的事等現象。

所以成癮時的「否認」，也可說是突發性或反射性的說「NO」，而不是依據自我意識表達不認同。

某位女性曾經和會施暴、無業又愛劈腿的典型渣男交往，就算她受到悽慘的對待，她還是堅持認為自己無法離開對方。儘管朋友都勸她不要再跟那種糟糕的男人交往，但她就是聽不進去，總是面無表情的說：「他需要我！」

沒錯！跟渣男的這段戀情讓她成癮了。

而且成癮往往和孤獨成對，以她的情況來說，當旁人告訴她「離開那種男人比較好」時，會刺激她腦中感受孤獨的區域，一口氣產生強烈的電流，讓她突發性、反射性的說出「他需要我」（無法逃離），可說是把自己困在無限的迴圈中。

最近被世界衛生組織（ＷＨＯ）認定為疾病的「遊戲成癮」（障礙），也是基於相同的機制。就算父母責罵孩子：「你到底要玩遊戲玩到什麼時候！」孩子也會因為玩遊戲時腦中分泌了腦內嗎啡，麻痺了孤獨感，進而認為遊戲被沒收後，會讓他陷入孤獨，所以他會暴怒大吼：「關你什麼事！」

就這樣，孩子陷入了不得不玩遊戲的狀態。

2 酒精成癮症，並不是對酒精上癮

有些人會對酒精成癮，有些人不會。至今為止已經有很多醫學和心理學上的解釋，但最近研究人員發現，有一種基因會導致酒精成癮。在這個章節，我想討論酒精和孤獨的關係。現在我們知道，當中潛藏了非常有趣的機制。

酒後失憶的狀態稱為「酒精性記憶空白」（Blackout）。我認為，這種現象是酒精誘發「腦部發作」所造成的。如果往壞的方面發展，就會演變成糟糕的情況，例如「在酒席上對主管說了很過分的話」等。這是因為腦部發作，讓自己「變身」為毀滅性人格。

為什麼就是戒不了酒？

實際上，容易因酒精而發作的人，比較容易得到酒精成癮症。因為喝酒誘發腦部發作、轉變成毀滅性人格，想著：「我才不管明天還得早起工作，總之喝就對了！」結果隔天早上起不了床、上班遲到，最後遭到周遭人白眼以待，進而覺得孤獨。

感到孤獨時，腦中會釋放出比平常更強烈的電流，進一步導致發作，使得思維較具破壞性：「誰有辦法在這種公司認真工作！」也讓當事人無法在工作上獲得成就。

接著他們心中便開始不安：「再這樣下去，可能會被公司開除。」這也使得孤獨感日漸加深。這麼一來，孤獨又會誘發腦部發作，讓當事人覺得：「反正事情都這樣了，不如去喝酒吧！」這又會讓腦部發作得更嚴重，而陷入惡性循環。

稍作總結，就如同以下流程：

酒精引起腦部發作→轉變成毀滅性人格，做錯事情遭到大家白眼以待→激發孤獨感→因為發作而轉變成毀滅性人格，在工作上失誤連連→因「可能被開除」的不安，湧現孤獨感→反覆飲酒。

越孤獨就越酗酒，越酗酒就越孤獨

一般認為，如果家人或戀人等親朋好友，要求酗酒者戒酒，反而會產生反效果。這樣的擔心和關心，反而會刺激成癮者的孤獨感，讓他們覺得沒人懂得自己的心情，或沒受到公平的對待，進而誘發腦部發作，陷入惡性循環、戒不了酒。

其實，從這些酒精成癮者的親朋好友身上，也常會看見因孤獨發作所制約的案例。

比方說，某位女士的丈夫有酒精成癮症。「丈夫喝酒後，如果造成周遭人的困擾，就會被公司開除，這樣我自己也會被孤立。」太太心中因為出現這樣的不安，而激發孤獨感、導致腦部發作，進而轉變為毀滅性人格。結果，有時會對酗酒者說出不該說的話，讓狀況更惡化。或是太太自己因為發作，出現了言行不一的現象，例如嘴巴上要丈夫戒酒，自己卻幫他買酒。

這樣一來，就算醫療專家或輔導員提醒太太：「不要幫丈夫買酒！」

太太還是會依然故我，反覆做出不該做的事。

另外，研究人員還發現，酗酒的男性有很高的機率，會與在酗酒成癮者家庭中成長的女性結婚。這或許是因為，雙方都擁有類似的孤獨感。在酗酒成癮者的家庭長大的小孩，因為不能對外人說父親或母親有酗酒問題，因而陷入孤獨，最後導致發作，變身成「乖寶寶」等其他人格。

可能有人會覺得：「變成乖寶寶，會有什麼問題？」但對小孩來說，乖寶寶的人格不是原本的自己，只是因為腦中與孤獨相關的區域被活化，才會塑造出乖寶寶人格。

不能以原本的面貌活著，周圍的人也是用自己虛假的面貌來評判自己，這會引發他們的孤獨感、認為沒人了解自己，使得腦部無法停止發作。這會讓孩子覺得活不下去，淪為痛苦的俘虜。

正如前述，酗酒者的身旁，可能有一個人不停激發他的孤獨感，總是對他說「你怎麼會喝酒喝得這麼誇張」或「你這樣太不正常了」。

雖然規勸者真心相信，會說這些話是為了酗酒的人著想，但其實有可能只是規勸者因為自己內心孤獨的關係，導致發作而變成毀滅性人格。「如果對方也變得和我一樣，就不會只有自己陷入孤獨中。」因為孤獨引起腦部發作，而轉變成毀滅性人格的人，心中可能隱藏著這樣的惡意。

3 罵人與被罵，腦部都會出現快感

「你真是我們公司的掃把星！」

當主管說出這樣惡質的職權騷擾發言時，腦中會分泌腦內嗎啡。腦內嗎啡會暫時麻痺腦部感受孤獨的區域，讓主管覺得「自己很厲害」，然後口出威壓式的謾罵。

問題在於腦內嗎啡越是麻痺，反而會更活化腦中感受孤獨的區域。麻痺消退後，也會更容易感受到孤獨，之後會因為部屬的些許言行，而過度反應、謾罵：「你瞧不起我啊！」或「你很愛敷衍我，是嗎！」然後再度轉變成毀滅性人格，進而說出更過分的職權騷擾話語。職權騷擾是源自腦部的發作，所以本人絲毫不會察覺，自己正在做不恰當的事。

孤獨引發腦部發作，導致記憶缺失

此時腦中會暫時釋放出比平常更強烈的電流，有如受到電擊一樣，所以當事人會完全遺忘對自己不利的記憶。就算之後該主管的職權騷擾舉動引發問題，他也會毫不在乎的說：「我沒說過那種話。」

但是，主管都會認為：「我對自己的記憶力有自信。」然而，就算平常記憶力再好，記憶還是會因為異常的腦電流而出現缺漏，所以當旁人勸誡他職權騷擾的行為時，他反而會堅信有問題的是部屬，彷彿自己才是被害人。

從部屬的角度來看，當遭到言語暴力時，會萌生「只有我被罵」的念頭，進而激發孤獨感、導致腦部發作，結果因為腦部流過更強烈的電流，使得全身僵硬、動彈不得。

主管看到部屬全身僵硬、不知如何是好的模樣，會以為部屬在耍脾氣、瞧不起自己，進一步激發自身的孤獨感，誘發更嚴重的職權騷擾行為。此時主管會忘記對自己不利的事情，但會清楚記得部屬的失誤等狀況，這會使他的人格越來越具毀滅性。

職權騷擾的加害者與被害者，其實相互依賴

部屬也可能因為覺得「為什麼只有自己被罵」而激發孤獨感，這也會引發腦部發作而轉變成毀滅性人格，進而讓部屬採取「被動攻擊」，只要

被主管盯過哪件事，就故意不去做。

這裡所謂的被動攻擊，是指刻意做錯或不遵守主管的吩咐，甚至會下意識的在主管面前擺出反抗的態度。這樣一來，又會再度激發主管心中的孤獨感。

但話說回來，主管為什麼會做出職權騷擾的行為？目的究竟是什麼？其實原因在於主管職權騷擾部屬、讓部屬感受到孤獨，這樣一來就不會只有自己陷入孤獨中。而部屬也能因為得到同事的關心安慰，「不要理那種主管」，享受到自孤獨解放的感覺。

但如同腦內嗎啡麻痺腦部感受孤獨的區域的機制一樣，同情所造就的孤獨解放，在事後反而會強化孤獨感。因此人格會越來越具毀滅性，之後再度做出刺激主管的行為，形成惡性循環。

然而，職權騷擾問題的麻煩，還不僅如此。部屬遭受主管職權騷擾時，產生的痛苦會誘發分泌腦內嗎啡，麻痺腦部感受孤獨的區域。結果會讓部屬覺得：「如果離開這個主管，我就會變得孤獨。」

就這樣，部屬不僅無法擺脫職權騷擾者，還反而更離不開對方。「經常責罵我的主管，能讓我分泌腦內嗎啡，麻痺孤獨感」，就是這種依賴關係，讓部屬擺脫不了對方。

離不開惡劣主管？是因為上癮

主管在職權騷擾部屬時，自己會分泌腦內嗎啡、麻痺孤獨感，所以才會戒不掉騷擾的行為。部屬也一樣，如果離開惡劣主管，就等於失去了麻痺自我孤獨感的源頭，腦部就會被恐懼襲擊，覺得：「如果離開這個主管，我就無法在社會上立足。」結果說什麼也離不開對方。

當職權騷擾的被害人向其他人訴說自己的處境時，大多數人常會建議當事人，如果主管這麼過分的話，應該趕快遠離。但被害人聽到這些勸告後，腦中卻會浮現自己流落街頭、生活極度貧困的模樣。這是因為預期離開對方會因而孤獨，進而引起腦部發作而產生幻想，或是恐懼可能再也得不到腦內嗎啡，而形成的深信不疑。

就算部屬設法擺脫惡劣主管，但可能又會透過職權騷擾，和下一家公司的主管產生相互依賴關係。這可能是源自「心理創傷的重演」，意圖透過相同的體驗，重新整理過去被職權騷擾時，所受到的心理創傷及相關的記憶。

有時會因為孤獨被激發，引起腦部發作而轉變為毀滅性人格，然後與職權騷擾者之間衍生出相互依賴的關係、讓彼此分泌腦內嗎啡，所以當事人才會無法逃離。

第三章

孤獨情緒的變體，嫉妒

1 嫉妒是因為恐懼——害怕落單

在以前工作的公司裡，我曾因看到後輩被主管誇獎，而感受到強烈的嫉妒。

當下我拚命的想對那位後輩展露笑容，但連我自己都覺得，我的表情僵硬得像戴著面具一樣。從那一天起，我對那位後輩的態度變得很不友善，會下意識的做出有如在陷害他的舉動，甚至還對他說：「你被上頭誇獎一下就這麼得意，早晚會出事！」當時的我因為嫉妒，而轉變成毀滅性人格。

為什麼會嫉妒「不如自己的人」？

我嫉妒的根本原因是恐懼，擔心後進獲得好評價，自己會因沒人搭理而被孤立（自己努力贏得周遭人的信任，結果兩三下就被後輩搶走風采↓周圍的人逐漸遠離自己↓自己變得更孤獨）。

這種想法會激發孤獨感，進而引起腦部發作、產生嫉妒的情緒。

人們之所以會嫉妒，是因為覺得過去一直不如自己的人，擁有了更棒的東西，而自己卻沒有。「立場和經驗都不如自己的後輩，能力卻比我優異！」我感受到這一點，因為預期自己會變得孤獨，所以才會淪為嫉妒的俘虜。

當然，心中滿是嫉妒時，腦袋不會去想其他的事情，我在事後分析時才明白這一點。

當我試著回想當下的情境，就會發現：「原來如此！孤獨是讓我無法脫離嫉妒的關鍵！」最容易理解的嫉妒情緒，就是情侶在約會時，發現對方在看其他異性吧。發現的一方會突然繃著臉不說話，問他怎麼了，他也只會一直說沒事，最後也讓你越來越生氣……我想很多人應該都曾有這樣的經驗。

這種嫉妒很單純，因為情人覺得明明是我比較懂你，也一直為你付出（明明是自己比較好），結果你的目光卻被初次見面的路人奪走了，這點會讓對方感受到孤獨。

以某位男性為例，當他的女性伴侶因為胃痙攣、喊著肚子好痛的時候，據說他當時的反應竟是暴怒大吼：「就是因為妳太依賴人，才會肚子痛啦！」甚至還踹飛了身旁的椅子。對於身體正不舒服的情人來說，可以想見男方的言行舉止會讓她多麼震驚。

不要搶走我應得的溫柔！

為什麼這位男性會出現這種惡劣的言行？其實這名女性之前也曾因為胃痙攣而被送上救護車。在前往醫院的途中，救護員因為擔心她的狀況而輕聲的問了她一句：「妳還好嗎？」

以救護員來說，這是理所當然的應對，但這位男性看到這一幕之後，卻湧現嫉妒的情感。只不過，這份嫉妒不是源自於吃醋，而是因為「沒人願意關心我，卻有人關心她」。

「自己應該得到周遭人的關心，但她卻利用肚子痛這件事，搶走了這份『溫柔』！」這種嫉妒心理讓男性內心煩躁不已。

在這種情況下，也同樣隱藏了一種意識，就是男方認為自己比另一半優秀：「我一直都比她還要努力。」換句話說，認為不比自己優秀的人得到了好處，這種情緒引發了嫉妒。

站在這位女性的立場來說，想必會很難理解，覺得自己明明已經身心俱疲，根本沒有理由被嫉妒。但這位男性因為另一半搶走了周遭人的關心和溫柔，或覺得沒有人在乎自己的感受，而激發孤獨感，進而引發嫉妒的情緒。

2 雙親會嫉妒小孩，醫生會嫉妒患者

曾有一名男性來找我諮商，說他上小學的女兒都不讀書，讓他很煩惱。這位男性是開業醫師，所以我建議他：「不妨讓女兒看看爸爸工作的地方。」

這位男性馬上付諸行動，結果女兒露出炯炯有神的目光，告訴他：「我要好好讀書，當婦產科醫生。」沒想到，這位男性卻對女兒說：「婦產科醫師很累喔。」

女兒好不容易想認真讀書了，為什麼這位父親還要潑女兒冷水？

孤獨的引力太強大，任誰也擺脫不了

社會上一般都認為，親子之間不存在嫉妒的情感，雙親會無條件的希望小孩能幸福。但嫉妒是一種本能反應，「不如自己的人，卻得到了我得不到的東西」，在這個條件下，肯定會出現嫉妒的心理。

前述的例子也一樣，因為身為晚輩的女兒當上婦產科醫師時，光是想到女兒「會從周遭人身上獲得我得不到的尊敬」、「然後就沒人會理我」，就會激發父親心中的孤獨感，進而引發嫉妒情緒，所以他才會說出那些話，破壞女兒的夢想。

父母也是人，沒有人能擺脫孤獨的引力而獲得自由。有時我們會嫉妒自己的孩子，做出毀滅性的言行，讓孩子也覺得孤獨。

小孩家裡蹲，也是因為父親的嫉妒？

各位可能會認為，父母竟然會嫉妒孩子，這實在太奇怪了！然後持否定態度，認為絕不會有這樣的父母。但前面也曾提過，嫉妒也是腦部發作的一種，所以發生在親子之間也不奇怪。因為是腦部的發作，所以本人無法控制。容易因孤獨而引起發作的人，也會自動引發嫉妒的發作機制。

在這邊分享另一位男性的案例。這名男性有一個繭居在家的兒子。

我一問之下，得知他每天早上在廁所，或家中其他地方見到兒子時，兒子都無視他、也不跟他打招呼。這是因為他平時大都面無表情，這讓兒子覺得父親討厭自己，或是覺得早就被父親放棄了，所以才不想打招呼。

其實，嫉妒也在這段關係中作祟：妻子擔心家裡蹲的兒子，而父親覺得兒子搶走了妻子的關愛，所以他才會嫉妒兒子，臉上像是戴著面具一樣，自然而然的變得面無表情。

這位男性自己平常也會看書，知道對待孩子時應該面對笑容。但只要一看到兒子的臉，腦部就會因為孤獨造成嫉妒發作，然後不斷重複相同的過程。

這時，如果他聽到妻子要自己多了解兒子的想法，內心就會更覺得兒子搶走妻子對自己的關愛，最後引發劇烈的嫉妒情緒，不自覺的大罵妻子囉唆。

在這位男性的心中，當然覺得兒子如果繼續繭居在家，將無法在社會上生存，這樣下去會很可憐。但因為孤獨受到激發後，自動導致嫉妒發作，即便他內心明白，卻無法停止嫉妒。

別告訴醫生你已上網查過資料

在現今這個時代，每個人都可以在網路上搜尋到任何資料。例如身體不舒服、去看醫生後，患者會在網路上搜尋病名，或自己事先做功課以了解病況，甚至還有人會去看專業的論文。然後在下一次診療時，詢問醫生：「我在網路上查了很多資料，有沒有可能是另一種狀況？」然而，有些醫師會因此萌生嫉妒的情緒。

你可能會覺得，醫師的專業知識比較豐富，收入也比較優渥，應該沒必要嫉妒患者？但前面曾提過好幾次，嫉妒是一種本能性的發作，不是腦部可以控制的。

這時，醫師會覺得：「不管是在立場上、知識上和金錢上，我都比較優秀，患者竟然還對我的診療結果有意見！」社會地位越高的人，越害怕孤獨，而更容易出現嫉妒情緒。醫生覺得患者這麼做，可能會威脅到自己的地位，或自己可能會因此失去身為醫師的立場。

特別是當患者表示，找到的資料是某知名大學附設醫院的醫師說的評論時，醫師的發作會更嚴重，患者會因此受到醫師的嫉妒怒火攻擊。這不只會讓病患更不安，病況甚至會因此惡化。

看醫生「貨比三家」，當心引起醫師嫉妒心

對了，大家是否聽過「逛醫生」（doctor shopping）這個詞？這是指患者為了尋求更好的醫療服務，而到各種醫療機構求診。這其中也牽扯到嫉妒的情感。

患者之所以到處求醫，是覺得「我不相信這個醫師，我要再找其他

人」或「其他醫療院所的治療方法，應該更適合我」，所以才會一個換過一個醫師。病情如果改善了，當然是最好。但找越多醫師或接受越多治療，都只會讓患者更不安，這就是到處求醫行為的特徵。

通常這種行為會被當作是患者本身的問題，但事實未必完全如此。因為除了挑選方（患者）之外，被挑選方（醫師）的嫉妒心，也混雜在這種狀況中。

換句話說，當患者說「某某診所的醫師是這麼告訴我的」，這個舉動會引發醫師的嫉妒，使其轉變為毀滅性人格。

如此一來，醫師可能會故意說出一些話語令患者不安，或是採取高壓態度：「病人乖乖聽醫生的話就好！」因為這是腦部發作造成的狀況，所以本人完全沒有自覺說了很過分的話。到處求醫的行為隱藏的問題點，在於可能誘發醫師的嫉妒情緒。

3 你常找人訴苦？當心越訴越苦

有一名三十多歲的女性表示，身體經常會疼痛。我觀察後發現，的確沒有好轉的跡象。

某天我開始覺得奇怪。因為在性質上，長時間持續同一種疼痛，是很罕見的情況。於是我詢問：「妳是不是曾和周遭的人聊過身體疼痛的事？」她一聽後，很驚訝的說：「咦！你怎麼知道？」

原來，她經常向三個朋友訴苦：「身體到處都在痛，一直好不了。」「不要緊吧？」「別這樣勉強自己比較好。」「有好好睡覺嗎？」「伸展一下身體，會比較好喔。」據說朋友們總是會溫柔的回應她，給予她各種建議。

但我告訴這位女性，今後不要再跟朋友聊身體疼痛的事情了。

找朋友商量煩惱，卻反而被朋友嫉妒？

正如前述，嫉妒發生的條件是「立場不如自己的人，卻能擁有自己所沒有的好東西」，觸發對象是當事人認為不如自己的人。從上述的案例來看，這位女性越找人訴苦，立場就會越來越弱勢（不如朋友健康），所以會成為朋友嫉妒的對象。

因為看到有病痛的人受到周遭人溫柔對待，會讓友人覺得：「周圍的人都沒這麼同情我、溫柔對待我，為什麼只有妳可以！」但這就是人心，也就是說，聆聽者會嫉妒訴說身體病痛的人。之後過了一段時間，這位女性再來找我時，目光炯炯有神的說：「自從我不再和朋友商量後，身體就不再疼痛了！」

我們的腦透過網絡彼此相連

這裡希望大家注意一個觀念，就是「腦的網絡」。

嫉妒者腦中會產生遠大於平時的電流，它會透過腦的網絡傳到被嫉妒者的身上。傳遞的電流，會刺激被嫉妒者腦部的主要體感覺皮質，造成疼痛久久不退的現象。

「腦的網絡」是我發明的詞彙，比方說當你看到有人垂頭喪氣、自己也會覺得心情很糟，這是因為人腦就像無線區域網路一樣，彼此相連、構成網絡。

人類的腦不僅單獨存在於每個人的身體中，腦還會超越個體、透過網絡彼此連結，交互接收和傳送感覺及情感。所以當你以為某件事是源自自己的想法，其實可能是透過腦的網絡，從某人那裡傳過來的；有時內心會突然湧現一股不悅，這可能也是源自網絡的另一端。

換句話說，這名女性找朋友傾訴時，誘發了朋友的嫉妒情感。這股嫉妒透過腦的網絡持續刺激這名女性，所以才會出現疼痛久久不退的狀況。溫柔言語背後暗藏的嫉妒，反而使得她無法擺脫痛苦。因為疼痛一直好不了，所以又想打電話找朋友商量……就這樣導致惡性循環。

說到底，找他人商量煩惱，反而會讓自己陷入無法擺脫煩惱的困境。正如前述，因為找人「傾訴」的行為，會讓自己趨於弱勢，導致立場矮人一截，所以才會誘發對方的嫉妒。

人人都會嫉妒，好人也不例外

另外，我們還能換個角度思考。

傾訴者之所以會找人商量、訴苦，其實是因為認同對方，覺得「他比我優秀，所以或許能提供我很好的建議」或是「他應該會設身處地的為我著想」。

或許本人沒有自覺，但能夠認同他人的能力或人格，可說是個優秀的人。因為一個人要泰然自若，才有辦法去認同別人。但就是因為優秀，才會被傾聽者嫉妒和打擊。這樣的煩惱又讓他去找別人商量，然後又因為嫉妒而受打擊……形成了一種惡性循環。

越是找人商量，溫柔言語背後的嫉妒「電擊」，就會創造出讓你無法逃離對方的狀態。

以前我曾在某間公司任職。某天，一名女性前輩邀我去吃午餐。她對後進很溫柔，工作上也很有能力，所以我毫不猶豫就答應了。

她在吃飯時，也誇讚我的工作能力很強，之後她開始說：「為什麼你要待在這種公司？憑你的實力，應該可以自立門戶啊。」「啊！是這樣嗎？」我回答的同時，內心其實有點高興。因為我覺得，這位前輩認同我的工作能力。

但一個星期後，辦公室卻開始流傳流言蜚語：「大嶋想背叛公司、自立門戶。」而且還傳到總經理的耳中，結果我居然就這樣被公司開除了。後來我才知道，謠言是那位前輩散播出去的，這讓我很驚訝，而且難以置信。現在回過頭冷靜思考這件事，或許答案就如以下描述。

首先，我內心隱藏著一股孤獨，覺得職場裡面都沒有人懂我，造成我腦部開始發作。而我的發作又刺激到前輩心中的孤獨，進而導致她的嫉妒發作。

綜合上述內容，當你感到孤獨時，要留意旁人安慰你時所說的溫柔話語。如果你很感動，覺得對方人很好的話，那麼你或許很容易受人利用、欺騙。**因為溫柔話語的背後，有時可能隱藏著熊熊的嫉妒之火。**

第四章
孤獨無須排遣，過了就會好

1 你以為在替對方著想，其實不然

高中時代，我曾經因為前述的孤獨導致的發作，而無法擺脫霸凌者，最後造成我的自我肯定感越來越薄弱。

自我肯定變得薄弱，會讓我覺得「根本沒有人理我」，進而讓孤獨感更強烈。為了麻痺腦中感受孤獨的區域，我試圖透過沉迷性幻想來分泌腦內嗎啡。

如此一來，因腦內嗎啡而麻痺的孤獨，最後反而更加膨脹，讓我無法集中精神學習，逐漸讓自己陷入悲慘的狀況。就算我想擺脫這一切，孤獨都會妨礙我、讓我束手無策。無法專心學習的我，成了孤獨的俘虜，總是認為沒有人認同我，最後常常忍不住顧慮他人的想法。接著在不知不覺間，我不再做我自己，只會一味的考量他人心情。

如此替對方著想，卻換不到對方的關心，結果又加深了我的孤獨。於是我更在意他人的心情，曾幾何時，我變得像個空殼一樣，無法控制自己，也無法逃離任何事物。

如何讓自己逃得了？

沒錯。我因為孤獨而總是忍不住在意他人的心情。這種行為讓我無法活出自我。而且也因為這樣，我無法擺脫自己不想做的事，浪費了寶貴的時間。

所以我察覺到一件事：「如果能排遣孤獨，我就不會這麼在意他人的想法，只要顧好自己的心情就好了吧？這樣我就能活出自我。」

我可以獲得自由，擺脫孤獨引起的發作，把時間花在真正想做的事情上，這個想法實在充滿魅力。一路走來，我不斷嘗試、不斷努力，試圖排遣孤獨，但每次都失敗。

我想擺脫、獲得自由，到頭來卻被孤獨吞噬，步上無法逃離不幸的人生。事到如今，這樣的我還能輕鬆的讓孤獨永遠離開嗎？想到這點，就會讓我覺得困難重重。但是之所以會覺得困難，是因為我並未確實理解孤獨的本質。

在前面的內容，我經常提到「孤獨是一種發作」，而這就是孤獨的本質。所謂的發作反應，其性質是「你越想排解，它就會越嚴重」。所以如果越想靠酒精或藥物來麻痺孤獨，之後的孤獨感就會加重，逐漸讓自己無法脫身。

不要排解，只要體認就好

想用「腦內嗎啡」來排解孤獨也是一樣，情況只會惡化，最後脫離不了依賴腦內嗎啡的狀態。所以當他人的孤獨發作時，你越想幫他排遣，只會越幫越忙。此時不要想替對方消除孤獨的情緒，只要體認到「他的孤獨發作了」即可。

奇妙的是，此時對方的孤獨感，反而會因為你的無作為而停止。

用意識和潛意識的層面來思考，會明白意識的能力有限，但潛意識的力量無窮。當你想替對方排解，就會動用到意識的力量，這反而會讓對方的狀況更惡化。

反之，不要去協助排解，就會啟動潛意識的無窮力量，出現奇蹟、發作自動停止。

自己心中的孤獨發作時，你同樣要認知到「我正因為孤獨而發作」就好，不要試圖去排解。如此就會發揮潛意識的力量，發作也會自然消失，把自己拉回到現實世界。

接著你會明白，你以為自己深陷的世界，並不是剝奪你的自由、使你無法逃離的空間，那其實只是你的意識創造出來的幻想世界。是的，把孤獨的發作交給潛意識處理，最終會為你開拓出自由世界，讓你脫離孤獨。你也會自覺到，這才是自己的現實。

對某人感到憤怒，滿腦子都在恨著對方時，通常是源自於自己的孤獨發作。因為自己孤獨發作，才會在意同樣正在發作、且言行具毀滅性的人，而且整個腦袋想個不停。

那個你很討厭的對象，也正深陷孤獨中

在這種時候，不用刻意思考該怎麼應對這個人，應該認同：「對方只是和我一樣孤獨發作。」然後交給潛意識處理。於是，對方就會因潛意識的力量，逃離意識創造出的幻想世界，自由的活在現實中。

「妳是公司的累贅！」某位女性長期遭受主管職權騷擾，這每每讓她怒氣攻心，覺得主管總是處處針對自己。然後，這位女性開始揣摩主管的心境，思考主管為什麼會這麼做。直到回家後，上司罵她的負面詞彙還一直在腦中打轉，憤怒完全駕馭了她。

我建議她，當她開始想到主管時，要去認同對方只是孤獨發作。然後只要理解：「這不是自己的問題，原因是出在主管內心的孤獨發作。」這樣一來，就不會滿腦子都在怨恨主管。

「妳為什麼不好好做事！」隔天就算在公司又被主管怒罵，只要想著「啊，主管現在孤獨發作了」，刻意不去思考主管或自己的言行。奇妙的是，工作就會因此變得很順利，狀況也逐漸改變，自己漸漸不再遭受主管的職權騷擾。

假設，之後在其他情況下，這位女性看見主管和樂融融的正在和其他部屬交談。這時如果她心生不悅，覺得：「搞什麼！主管不認同我的工作能力，只會對工作能力差的人擺出好臉色。」此時，應該要趕快自覺到：「啊！我的孤獨又發作了！」

承認自己孤獨發作，就能擺脱意識創造出來的幻想世界。然後將一切交由潛意識處理，讓自己能跳脫幻想、活在現實世界中。在那裡，你就能感受到與過去截然不同的自由心境。

2 有些情緒你要放著，不要處理

「為什麼我媽老是對我說那麼過分的話？」某位女性只要想到這件事，便會聽從我的建議，認同「媽媽是孤獨發作」。光是認同這一點，就能讓自己不被意識主宰。

換句話說，如此一來，她就不會老想著：「我必須想辦法處理母親的孤獨。」而能夠將事情交由潛意識去處理。如此一來，母親的臉上便會逐漸展露笑容、擺脫孤獨，變得判若兩人，然後開朗的生活。

不過這件事還有後續。當母親變得開朗後，反而換這位女性開始在意母親的舉止，並感到很焦慮。各位讀者或許會對這種情況感到十分疑惑。

想擺脫母親的束縛，先體認她的內心感受

前面也提過，明明已經認同對方是孤獨發作，讓彼此都能自由生活了，但這位女性卻開始嫉妒母親，這實在是一個很有趣的現象。原理是這樣，當對方擺脫孤獨後，眼前是一片自由的世界。而當自己知道對方獲得自由了，自身的嫉妒情緒就會發作。

要逃離這種發作的無限循環，前面也提過，就是要認知到自己的孤獨正在發作。如果能做到這一點，接下來就靠潛意識的奇妙作用，明白自己也能和對方一樣獲得自由。

我建議這位女性，對母親感到焦慮時，要承認自己處於孤獨發作的狀

態，然後交由潛意識處理自己應付不了的發作。

後來她逐漸改變，不再對母親感到焦慮，能夠自由生活，也不會整個腦袋都想著母親。獲得自由之身後，就能看出一直顧慮母親，會對自己的行動帶來多大的限制。因為當事人開始能客觀審視，過去擺脫不了母親束縛的情況。

對方也會孤獨，不是只有你

有一點很重要，就是要認知到不管是父母、公司主管、尊敬的老師、還是億萬富翁，只要是人都會感到孤獨，並因此而發作。這樣一來，我們就能擺脫「只有自己孤獨」的錯覺，確實認知到自身的孤獨發作。

如果能逐一認知到他人的孤獨發作，就不會拚命的想靠自己的力量排解，而能交由潛意識去處理自己的發作。

有位高中生不知為何受到輕音樂社的學長忽視，讓他十分煩惱，甚至無法集中精神練習。那位學長很會彈樂器（吉他），人長得帥，也擅長交際，在學校很受歡迎。

但這樣的學長卻嫉妒自己，這位高中生認知到這一點之後，就不再像過去一樣，因為學長對自己的言行而苦惱。至今為止，他透過煩惱「為何學長會這樣忽視自己」，來分泌腦內嗎啡、麻痺孤獨感，但今後再也不需要這麼做了。

學長本來是藉由「那傢伙很討厭」的憤怒情緒，來分泌腦內嗎啡麻痺孤獨，但之後也成功擺脫孤獨、自由過活。就這樣，這位高中生便能解除和學長之間的依賴關係。

可是在那之後，高中生看到學長和其他社員談笑風生時，心中又開始焦慮。於是他遵從我的建議，承認自己也受到嫉妒發作的影響，所以最終才能成功擺脫，得以集中精神學習。最後，他一次就考上很難考的大學名校，成為周遭人羨慕的對象。

因為一直以來，他認為自己的立場就像喪家之犬一樣，無法從中逃離，但後來他實際體會到，這不過是孤獨發作時創造出來的幻想。學長是學校的風雲人物，而且對每一位同學都很友善，即便如此，他的心中也會有嫉妒和孤獨的情緒，這讓這位高中生很驚訝，但理解到這一點後，也讓他得到了救贖。

在另一個案例中，某位女性每當看到同居伴侶，心中就會開始焦慮，氣對方「為什麼都不懂我的心情」。她的伴侶是上班族，因為在職場中也會和其他主管、同事相處，平常待人也都很體貼、關心，但不知道為什麼，就是不太關心這位女性，甚至還擺出漠視的態度。一想到這，這位女性就很生氣。

不體貼的另一半竟突然變得溫柔

但在某個契機下，她開始體認到，伴侶是因為孤獨發作。因為她理解到是自己刺激伴侶、使其發作，所以伴侶才會轉變成毀滅性人格，讓她焦慮。在那之後，她不再臆測伴侶的心情，也不再吃醋、一直想靠自己解決問題。

結果，伴侶身上出現驚人且顯著的變化。

她的伴侶變得比平常更愉快，工作的狀況似乎也很不錯。但這些狀況讓這位女性再度覺得焦慮。這時的她很明顯是嫉妒發作，覺得伴侶擺脫自己後，竟然變得那麼快樂。

但等她認知到自己是在嫉妒之後，就不再顧慮伴侶的言行舉止，在行動上實際感受到真正的自由。當她不再顧慮對方後，就明白自己過去其實非常孤獨，而被他人奪走了自由。

讓這位女性注意到自己非常孤獨的伴侶，現在成了對她而言非常重要的存在。

3 這個神奇咒語可以幫你擺脫：我奉獻此時此刻

以下介紹一個絕招，能讓你逃離孤獨。

當你開始覺得某人讓你感到不愉快時，可以在心中默唸：「我奉獻此時此刻。」

這個技巧利用了一種心理諮商思維——「反話」。如果當你想到某人，就覺得很厭惡和不悅時，會讓你無法思考其他的事情。這也代表你正在把「此時此刻」、這段寶貴的時間「奉獻」給對方。所以這時可嘗試在心中默唸這句話：「我奉獻此時此刻。」

於是，此時你反而會覺得：「開什麼玩笑！我才不想把自己寶貴的時間，奉獻給那種人。」不把時間花在對方身上，你就能面對此刻的孤獨。默唸「奉獻此時此刻」，是為了說反話，好讓自己別把此刻的寶貴時間浪費在對方身上，你自然就會面對和承認自己心中的孤獨。不是逃避孤獨，而是主動承認、不閃躲，如此就能脫離不愉快的人際關係，活在豐富的現實世界。

想建構新的愉快關係、擺脫過去

有一位女性，總是忍不住看前男友和他現任女友的臉書，她自己也很苦惱。因為看完他們的臉書後，她總是會陷入負面情緒中。

周圍的人也勸她：「那種東西，別去看就沒事了。」

這位女性自己也很清楚這一點，但就是會不由自主的去看。其實這是因為她孤獨發作的緣故，陷入了因發作而無法逃離的狀態。

我建議這位女性，下次想去看他們的臉書時，就在心中默唸「我奉獻此時此刻」這句話。結果，她便開始覺得「我不想把時間花在那個女人身上」，因此成功戒掉去看前男友和他現任女友的社群網站的習慣。她也察覺到，去看前男友的女友的臉書，會帶給那位女生優越感，讓她覺得比男友的前女友厲害。

但另一方面，她又想要花時間去關注前男友的近況，所以又繼續去看男方的臉書。

話雖如此，男方那邊一樣會出現他現任女友的消息，所以最後這位女性看到臉書就想吐。接著她終於認為：「果然，我還是不想把時間花在他們身上。」從此便再也不去看了。

有趣的是，這麼做之後，這位女性很自然的能夠面對自身的孤獨。於是原本深居簡出的她，開始想要邂逅其他人，並選擇愉快的人際關係。就這樣，她感受到跟大家在一起很開心，也獲得過去所得不到的群體感。

承認自己的孤獨，就能承認其他人的孤獨。然後孤獨的人彼此倚靠，就會產生親密感。這位女性終於獲得了這個寶貴的體驗。

要承認自己和他人的孤獨，「我奉獻此時此刻」，是一句非常有用的神奇話語。

第五章
擺脫家庭中，令人厭煩的嘮叨

1 總把「我是為你好」掛嘴上……

小學的時候，如果我一直看電視，母親就會說：「你有沒有好好練習寫國字！考不好的話，會很丟臉喔！」

「我知道啦！」說完我便站了起來，走回房間讀書。只不過，當我關上房門後，就會開始看藏在床底下、向朋友借來的漫畫……三不五時就會發生這種情況。

雖然我心中明明知道必須努力讀書，但當我說出「我知道啦」之後，就又不想用功了。結果我沒讀半點書，就去考國字小考，成績當然慘不忍睹。我把考卷揉得皺巴巴的、藏在書包最深處，這種狀況總是一而再、再而三發生。

想逃離母親，卻怎麼也逃不了

有一次母親發現我藏起來的考卷，大發雷霆：「都已經說這麼多遍了，你為什麼老是不聽！」然後賞了我一巴掌。

我哇哇大哭、向母親道歉：「對不起！我知道錯了。明天開始我會乖乖練習寫國字。」但是每次要練習寫國字的時候，又提不起半點幹勁……結果陷入了惡性循環中。

最後我和身體不好、臥病在床的母親一直待在家裡，漸漸沒辦法和外面的人建立人際關係。那時候我一直覺得，自己想擺脫嘮叨的母親，卻總是逃不了。

讀到這裡，或許有些讀者會覺得，當時的我只是把母親當作我的擋箭牌吧。

或許會有人說：「你只是把無法好好讀書和沒辦法建立外部人際關係這兩件事，推給嘮叨的母親、想要逃避而已。」實際上，我母親也對我說過類似的話，連我自己也這麼想，覺得自己怪罪他人是一大問題。

不過隨著逐漸成長，經歷過親子以外的各種人際關係後，我就開始了解：「奇怪？當我受人提醒或被指示後，就不想要付諸行動。」而且當我學習心理學，開始從事現在這份工作後，我看過了許多客戶的案例，才明白：「被孤獨發作的人提醒，人們就不會採取行動。」

我從沒想過，其實自己的母親是孤獨的。我原本以為母親有感情很好的兄弟姐妹，而且對外又有很棒的人際關係，應該與孤獨無緣。但這其實是孤獨發作者的共通點。

承認雙親的孤獨

越讓你覺得「他應該與孤獨無緣」的人，其實越容易發作。越是擅長交際、和任何人都能面帶微笑交談的人，越容易引起孤獨發作，這對我來說也是一大發現。簡單來說，我的母親是因為發作才會嘮叨我；我也因為這樣，接收到發作的「電擊」，所以才會無法採取行動。

從母親的角度來看，當她的孤獨感被激發時，會覺得：「這孩子書讀得這麼差，將來該怎麼辦？」然後將自己的孤獨，置換成對孩子的擔憂。接著，當母親內心開始焦躁：「我這麼擔心你，你為什麼都不聽我的話、好好讀書。」因而動怒時，這個瞬間她會分泌腦內嗎啡，麻痺孤獨以拯救自己，之後卻陷入惡性循環。

「媽媽什麼都要管、很囉唆」，這種狀態就是母親孤獨發作的時候。表面上說「嘴巴上會嘮叨，是為了孩子好」，但其實只是孤獨感被激發而發作罷了。

母親發作時的言語加諸在孩子身上，孩子腦中就會出現「嗶！嗶！嗶！」的電流，無法甩開討厭的情緒。覺得一切都是為了孩子好，其實是最危險的自以為是，這很可能會束縛孩子、讓他無法進一步行動。

這種時候，身為孩子的我們，只要認知到自己的母親是因為孤獨才會引起發作，就能從母親的發作逃離。「不想承認自己的母親孤單，也不希望她孤單」，這是孩子對雙親最直率的心情吧。但這種心態會造成親子雙方都無法脫離的狀況。

承認父母也會因孤獨而發作，這是很正常的。

然後當孩子的，不要一直想方設法去幫助父母排解，如果能交由潛意識處理，父母也能擺脫孤獨的發作，活在現實的世界中。

你不需要為父母的孤獨負責。

2 長期困在痛苦中，人只學會了放棄

美國心理學家賽里格曼（Martin Seligman）曾發表過一個心理學理論，名為「習得無助」（Learned helplessness）。這是基於以下動物實驗所得到的理論。

研究人員先對狗籠通電，籠子中觸電的狗便會拚命想逃跑，或是不斷哀嚎、希望被放出去。但持續通電的話，最後狗會變得不再抵抗。就算拿掉籠子，使其能逃到外頭，狗也只是待在原地不動。

就像這樣，如果一直處於即便努力，也無法解決問題的狀態下，動物

就會放棄、變得宛如槁木死灰，這種狀態就稱為「習得無助」。

當你覺得「努力也沒用」時……

讓我們回到親子關係的案例。

父母對小孩嘮叨或發牢騷時，會覺得自己是擔心孩子的未來，才會這麼嘮叨，但當孩子聽到這些話、覺得不愉快時，父母的孤獨就會引起發作，並透過腦的網絡給予孩子「電擊」。

每當孩子想自由行動時，父母就會說：「你這樣做，真的沒問題嗎（暗示這樣做會失敗）？」彷彿希望他們不要離開柵欄一樣，所以孩子會從父母身上持續接收到電擊和負面暗示。這樣一來，只要碰到一點不愉快的事，就會馬上僵在原地而失敗。

父母看到孩子這樣，又會說：「你看！是不是跟我說的一樣。」然後持續發送孤獨發作的電擊，並給予暗示。這樣一來，便會強化孩子的習得無助。

最後孩子會陷入絕望中，認為反正擺脫不了現在的痛苦，逃走了也肯定不會有好事，只會再回到原本的樣子罷了。

非要父母指示，才能採取行動的人

這種陷入習得無助的人，長大後如果少了父母的指示，就沒辦法自行採取行動。例如明明已經一把年紀了，在便利商店買東西時，還要逐一取得父母的許可。

即便這是比較極端的例子，不過像是沒有父母允許就無法換工作，或無法決定是否搬家等狀況，也和習得無助有關係。像這樣，需要父母許可、無法自己下決定，就是因為幼小時受到父母的孤獨發作影響。

常會有一些「等待指示的人」，要等到上級指示才會行動，或是一個口令、一個動作，這也和習得無助有關。社會總是以為，孩子會變得被動，是因為父母愛操心又寵小孩，什麼都幫他們照顧得好好的，但這種想法是不對的。

實際上是孩子持續受到父母的孤獨發作影響，讓孩子不斷學習到「自己沒有能力」，而陷入僵直、不行動的狀態，所以孩子是依據自己的意思不去行動的。

父母照顧孩子時，會覺得「小孩都不動手，只好父母自己來動手做」，這也會讓父母的孤獨發作，讓孩子漸漸被習得無助所拘束。所以他們進入社會後，才會變得一個口令、一個動作，在私生活中也無法發揮想像力、自由行動。

父母的孤獨增強，結果連孩子都因為孤獨而發作，這種狀態就是繭居族和未定型自我統合（按：moratorium，青年開始嘗試不同的職業及意識型態，但尚未確定方向）。他們因為陷入了習得無助，所以不管過了多久，都無法逃離這種狀態。

捨不得丟東西的人，如何成功脫離垃圾屋？

然而，要脫離習得無助所導致的消極、缺乏幹勁的狀態，方法其實出乎意料的簡單。

就是運用先前提到的方法，當你覺得無法自己做決定，或自己一個人行動會感到不安時，要承認那是父母的孤獨發作所造成的「電擊」，只要在心中默唸「我認同父母的孤獨發作」即可。

在自己身上找原因，覺得是自己長不大、優柔寡斷或依賴心太強，依舊無法讓你脫離缺乏幹勁的狀態。若是陷入這樣的思維，最終只會在原地打轉，永遠找不到線索以解決問題。若能確實體認到，自己是因為父母的孤獨發作才會無法行動，就能靠自身的決心邁向自由世界。

有位四十多歲的女性，因為捨不得丟東西，她本人也感到十分困擾。她總是覺得或許之後搞不好還用得到，所以一直累積保特瓶、衛生紙芯筒之類的雜物，結果家裡變成了垃圾屋。到了盛夏時節，家裡的冷氣壞了，每天晚上都熱得睡不著，但因為住家很髒亂，她也沒辦法請人來修理冷氣。

身心醫學科診斷這是強迫症的一種，稱為「儲物症」（也稱囤積症），這位女性隨後接受了治療，但狀況完全沒有改善。

她不知道自己為何會變成這樣，深信是因為窮慣了，才捨不得丟東西。然而，我為她做心理諮商後，她才注意到這源自於習得無助，因為她長期暴露在母親的孤獨引起的發作之下。

後來，當她感覺到無法整理或捨不得丟東西時，只要在心中認同這是因為母親的孤獨發作，就能讓自己與這些雜物斷捨離。就這樣，這名女性得以整理居家環境，脫離垃圾屋的狀態。因為她實際感受到能丟棄雜物和能夠整理環境的自己有多麼自由。她打從內心理解到，習得無助才是真正的原因。

3 父母會嫉妒孩子的婚姻

想必很多人會覺得，父母會因為孩子結婚而十分喜悅吧。但實際上，應該說「父母會嫉妒孩子的婚姻」比較正確。最淺顯易懂的，或許就是母親（婆婆）對兒媳婦的嫉妒心。

婆婆會氣憤的覺得，比自己蠢上好幾倍的女人搶走了寶貝兒子，然後因為嫉妒而轉變成毀滅性人格，演變成婆婆欺負媳婦的嚴重情況，情節誇張到連鄉土劇都相形見絀。

兒子結婚卻造成婆媳爭吵

但因嫉妒而發作的當事人會堅信自己沒有錯。之後就算她因為謾罵媳婦而受到旁人指責，她也不會記得、覺得自己沒說過那種話。

婆婆雖然知道這會讓兒子的夫妻關係惡化，但因為發作的關係，而停止不了謾罵。明明知道這會讓雙方都不幸，卻無法從不幸中逃離。這是因為發作是源自動物本能，自己是無法控制的。

如同上述的例子，兒子的婚姻生活出現紛爭，母親的嫉妒肯定是根本原因之一。最麻煩的是，其中還包含孤獨的發作。

最近常聽到，許多父母煩惱著女兒總是結不了婚。

特別是最近，但大家煩惱的不是女兒交不到男朋友、結不了婚，反而是苦惱女兒談了很多次戀愛，卻總是走不到結婚那一步。可能有人會覺得，這是因為雙親的婚姻關係不美滿，女兒從小看到大，才會對結婚不抱期望，所以即便交了男友，卻一直無法結婚。但這種想法只對了一半，因為現實更驚人。

戀愛經驗豐富卻走不進婚姻？「同卵母女」惹的禍

其實這也和母親的嫉妒有關。

日本有一個詞叫做「同卵母女」，是形容母女關係非常好，好得像雙胞胎一樣。在這種情況下，如果父母的關係很差，母親就容易向女兒抱怨父親有多麼糟糕。

抱怨是源自母親內心深處的孤獨，這股孤獨藉由母親口中的「糟糕丈夫」而發作，女兒也被迫得聽這些不堪入耳的抱怨。如果一直持續這樣的狀況，女兒就會陷入習得無助之中。

這種無助感會形成制約，讓她無法靠自己的意志決定結婚對象。而且女兒心中還會開始恐懼男性，認為如果結婚對象跟父親一樣有問題，可就辛苦了。結果，會導致女兒無法主動喜歡男性，更因為處於習得無助的狀態，基本上會對男性「來者不拒」，所以在表面上，才會看起來戀愛經驗很豐富。

但當女兒與男友的關係逐漸加深後，母親就會因嫉妒而發作，覺得：「我這麼不幸福，卻只有妳一個人幸福，太狡猾了。」這種發作會透過腦的網絡傳遞給女兒，讓女兒心中的毀滅性妄想，如「男朋友該不會在偷吃吧」或「他可能不是真的愛我」，日益增大。

這種妄想，是因為發作而讓人感受到的幻想，女兒從中體驗到痛苦後，就會分泌麻痺孤獨感的腦內嗎啡。

結果，反而會讓女兒心中的孤獨日漸增強，發作也會越來越嚴重，還會因為發作而轉變成毀滅性人格，甚至破壞了與男友的關係，最後導致雙方分手。如果男友的類型越會讓女兒幸福，母親發出的嫉妒電擊就會越強，女兒受到影響後，會更激化妄想，最後用「這個男人很糟糕」的眼光去看待男友。

如果女兒的男友類型，是眾人都認為交往後絕對不會幸福的，母親反而比較不會嫉妒，這也會讓女兒產生天大的誤會，覺得這種壞男人十分適合自己。

擔心自己可能會被男人騙

當女兒把這種男人介紹給周圍的朋友認識時，大家都會驚訝的覺得：

「為什麼要跟這種渣男交往？」雖然當事人覺得男友是「對的人」，但周遭人的反應卻截然不同，所以她最後無法貫徹自己的想法，在結婚前踩了煞車。

這樣的女性只要明白自己無法步入婚姻的真正原因，狀況就會有很大的改變。原因是自己受到母親的孤獨發作影響，所以要承認這一點。如此一來，對渣男的評價就會與朋友一致，覺得：「奇怪？這個人好像不是我愛的類型。」看男人的眼光也會有一百八十度的轉變。

如此一來，當她們遇到能讓自己幸福的男性時，就能由衷的覺得「我可能喜歡這個人」，同時也能建構出讓對方喜歡的良好關係。

就算擔心心儀的男性可能欺騙自己，但透過承認母親的孤獨發作，就能理解到至今自己就是這樣主動破壞雙方的關係，同時也能冷靜下來，專注在可讓自己發光發熱的事物上。

　　這樣的姿態會非常有魅力，不僅會有越來越多男性喜歡她們，找到真愛和幸福婚姻的機率也會提高。這樣一想，父母親（特別是母親）孤獨發作的破壞力，著實讓人十分吃驚。

第六章

老遇渣男，怎麼辦？

1 常因男友的小舉止而發怒

有不少女性會說：「心儀的男性只要對其他異性，做出一點溫柔小舉止，就會讓我很生氣，感覺好痛苦。」

有時這些男性，是那種會讓周遭人都覺得「應該早點和這種人分手」的渣男，但一知道他劈腿、和別的女性偷偷來往時，女方就會心想：「我絕不原諒他！」並不斷逼問男友。然而，就算曾有這種極不愉快的經驗，女方還是無法擺脫渣男。

知道自己嫉妒心重，也知道嫉妒很醜陋，但為何就是無法擺脫這種心情？其實，這也是發作造成的影響。由於發作時不會記得當下發生的事，或轉變成毀滅性人格，所以便無法控制自己。

在這種情況下，其實有很多案例，是受到男性的嫉妒所影響。

認為男尊女卑的男性，現在還生存在地球上

日本有很長一段時間處於「男尊女卑」的思維下。這是覺得男性比女性優異的愚蠢陋習，但現代社會還是有男性，被這種錯誤的思維所囚禁。

這種男性不會管學歷等因素，只要女性對象潛在的智能較高（較聰明），當她展現出聰慧、有才智的言行時，他們的嫉妒就會發作，覺得：「區區一個女人，居然比我這個男人聰明，實在太踐了！」

接著，這種男性便會轉變成毀滅性人格，對女性展露粗暴的態度，或

是故意採取一些言行，惹女友嫉妒。

受到男性嫉妒攻擊的女性，會誤以為是「自己單方面在嫉妒其她女性」。但其實是這位男性因嫉妒女友比較聰明而發作、轉變成毀滅性人格，並故意用最容易造成傷害的方式攻擊。

「對我來說，這個人或許沒那麼重要了！」

一般來說，通常男性出現想劈腿的言行舉止時，女性應該會覺得，跟這種人分手可能比較好。但不斷承受男性的嫉妒攻擊後，女性會陷入習得無助，僵在原地、無法逃離。

女性覺得自己是透過嫉妒來攻擊男性，但其實只是受到男方的嫉妒攻擊，而控制不了自己罷了。

追根究柢來說，男女之間之所以會發生家庭暴力，通常是因為女生比較優秀。當收入、地位或智能等條件優於男性時，有時男性就會嫉妒發作、轉變成毀滅性人格，進而出現身體、心靈上的暴力行為。這單純是男性因為覺得「自己不如對方、怕被對方拋棄」，使得腦部感受孤獨的區域受到刺激，導致發作。

男性會偷吃，或去色情場所等女性討厭的地方，都是為了引發女性嫉妒，讓自己不被拋棄罷了。女性承受男性的嫉妒發作時，同樣也會跟著發作。越是如此，越會刺激男性「害怕被拋棄」的孤獨心理，反而讓男性的家暴行為變得更嚴重。

綜上所述，可以得知無法擺脫嫉妒的惡性循環，是因為對方嫉妒而發作，讓當事人陷入習得無助的狀態。

這類案例的處理方法也一樣，當對方嫉妒發作時，只要在心中默唸：

「我承認對方的孤獨發作。」一切就會豁然開朗。如此一來，便能實際體認到：「對方的嫉妒發作才是一切的根源，所以我才擺脫不了。」接著下一階段，對方將會從嫉妒中解放、行為舉止也變得更輕鬆，但當事人看到他這樣的輕鬆言行、內心覺得很煩躁時，同樣要在腦中想著：「我承認自己的孤獨發作。」

奇妙的是，這會讓當事人覺得：「對我來說，這個人或許沒那麼重要了。」以前，當事人因為自己也嫉妒發作而轉變成毀滅性人格時，可能會草率的做出一些情緒化的舉止，而當承認自己的孤獨發作後，當事人就能真正的冷靜思考與男方之間的關係。

到了這一步，她不只能從痛苦的嫉妒中解放，還能面對自己的孤獨，並珍惜時間、活在當下。此時，想必也能由衷感受到真正的自由。

2 不性愛就心不安！難道我有性成癮？

有些女性會覺得「我在性愛時，都搞不清楚自己是不是真的想要」，或「不性愛，我就心不安」。也有女性會自我分析，覺得之所以會做愛，可能是為了排解寂寞，但實際上真是如此嗎？

的確，在性行為時，身體會分泌催產素，以及麻痺孤獨感的β-腦內啡（腦內嗎啡），因此才會以為是為了排解寂寞吧。

但女性無法擺脫性成癮的情況，有時是與男友的孤獨發作有關。伴侶關係中最常見的情況，就是女方在潛在的智能方面優於男性。當男性和女性在能力上無法取得平衡，有時會刺激男性的孤獨感，導致嫉妒發作。

因為男性認為「女友比自己優秀，所以自己會被拋棄」，這種思維會刺激腦部感受孤獨的區域而發作。發作的男性會轉變成毀滅性人格，並刻意展現出粗暴的態度或不悅的表情，而且男方的孤獨，還會透過腦的網絡傳遞給女方。

輕易就連結到性愛

結果，會讓女性害怕男性不理自己，或害怕男友會和自己分手，所以轉變成自我毀滅性人格，而更想追求肉體上的連結。

女性從事性行為時會分泌腦內嗎啡，也會暫時麻痺孤獨感。但時間一久，腦中感受孤獨的區域其靈敏度就會提升，進而引發更強烈的發作，讓自己的人格越來越傾向自我毀滅，然後不斷重複這樣的過程。另一方面，男性也和女性一樣，能透過性行為來麻痺孤獨，但同時也會麻痺「女方比自己優秀」的感覺，誤以為自己比較占優勢。

於是，男方會做出更多事情刺激女性的孤獨，所以女性會開始認為：「要是被拋棄了，該怎麼辦？」結果更擺脫不了與男性的關係。順帶一提，女性為了不被對方拋棄而性愛時，是把性行為當作一種手段，所以自尊心會不斷降低，這會加速產生自我毀滅的行為。

如何擺脫性成癮？

無法擺脫性成癮的女性，當出現性愛欲望而想到男性時，可嘗試在心中告訴自己：「我承認男性對象的孤獨發作。」如此一來，就能夠看清現實，自然會覺得：「這個男的好像也不是特別有魅力。」

輕易和非男友的其他男性發生性關係的女性，當腦中浮現男性的身影時，可以在心中默唸：「我承認男性的孤獨發作。」如此就會明白，這些人都不是自己真正心儀的對象，大家只是對自己嫉妒發作。持續這樣的過程，就會逐漸修復受損的自尊心，覺得自己不靠性關係也沒問題，照現在這樣下去就很好，最終便能找到適合自己的對象。

某位女性覺得男性很可怕，每當有男性追求她，她都會覺得「不發生性關係，內心就會忐忑不安」，陷入矛盾狀態。

於是兩人便會發生性行為，但這反而會讓她更害怕男性，光是在男性面前，就不知該如何是好。這會讓男性誤以為「她是因為喜歡自己才緊張」，下次就會再約她，然後反覆這樣的過程。

性行為剛結束，這位女性會覺得對方好像很滿足，自己內心也沒那麼忐忑了，所以應該沒關係。但時間一久，她就會越來越恐懼男性，連她自己也不知道為什麼。

後來藉由我的心理諮商，這位女性察覺到，自己只是因為對方的嫉妒攻擊，而感到不安。我建議她下次再度感到不安、腦中浮現想要「炒飯」的男性時，可試著在腦中告訴自己：「我承認男性的孤獨發作。」這麼做之後，她便看清了現實，知道這個男人不適合自己。

接著她明白了一件事：因為一直和不適合自己的男性發生性關係，所以自尊心才會不斷降低，然後變得更害怕男性。到了這個階段，她便能獲得自我肯定，明白只要做自己就好。

這位女性從此之後便能不透過性愛，成功的和對等交往的男性建構親密關係，只在自己真正想要時，才去享受性愛。

3 渣男退散！靠這句魔法咒語

有位女性明知交往的對象是所謂的渣男，卻無法和對方斷得一乾二淨，一直維持拖泥帶水的關係。因為當事人覺得「自己得要照顧對方，否則他會很淒慘」，其實這種想法同樣是源自於孤獨。照顧對方時，腦中會分泌催產素，能和對方產生親密感，使自己暫時感受不到孤獨。

換句話說，為了麻痺自己的孤獨，這位女性才會一直尋找渣男來照顧奉獻。如果不這麼做，就必須面對自己的孤獨，這一點讓她很痛苦，所以才會一直無法擺脫渣男。

「如果少了我，他會很困擾……」

但擺脫不了渣男的最大原因，在於前面提到的男性嫉妒發作：

女性比男性優秀↓男性嫉妒女性↓男性轉變成毀滅性人格。

當男性轉變成毀滅性人格後，有些案例是透過攻擊、暴力的言行，造成女性精神上的傷害，使其無法擺脫男性。至於渣男，則是透過不工作、不行動、不積極的被動攻擊，意圖在精神上傷害女性。

結果，這會讓女性陷入習得無助，陷入「無法擺脫渣男」的惡夢。

找朋友訴苦，卻遭到朋友出乎意料之外的嫉妒攻擊！

之所以擺脫不了渣男，還有另一個有趣的原因。這個原因或許會讓大家覺得很意外，那就是「向朋友或雙親傾訴渣男有多糟糕」。聽當事人傾訴的朋友，會溫柔的建議她馬上跟那種男人分手比較好；但暗地裡，朋友的腦部會發出嫉妒的電擊，然後沿著腦的網絡施予她電擊。

他們建議她跟渣男分手，內心卻產生嫉妒的電擊，讓當事人無法脫離「想分手↓可是好可怕↓無法分手」的惡性循環。朋友之所以會嫉妒發作，是因為傾訴者找朋友商量的瞬間，立場會矮傾聽者一截（按：訴苦的人淪為弱者）。

因為朋友會直覺的認為她比自己弱勢，卻有度量和能力接納自己無法應對的渣男，但自己卻沒有那種度量和能力，所以傾聽的一方才會嫉妒發作。要跟渣男交往，必須有相當程度的忍耐力與包容力，傾聽者嫉妒的點在於「妳明明不如我，卻有這種能力，實在太囂張了」。

因為嫉妒發作，所以傾聽者並未自覺，頂多只是覺得：「我那麼設身處地的建議她，為什麼她還是沒辦法和渣男分手？」稍微有一點自覺的人，內心則會覺得：「別人的不幸甜如蜜啊。」

因為這樣，當事人找朋友商量時，會承受朋友傳來的嫉妒電擊，越是找人商量、就越離不開渣男，陷入惡性循環。

找父母商量時，也會發生同樣的狀況。前面也曾說明過，只要條件齊備，父母一樣會嫉妒孩子。因為父母會直覺的認為，孩子雖然是緊抓渣男不放的弱者，但同時也具備優秀的能力、才有辦法和渣男周旋。

他們的腦中雖然無法理解自己的心理變化，卻本能的感受到女兒的優秀能力，然後說出一些多餘又不切實際的話語，像是「妳隨時可以回家，不過已經沒有妳的房間就是了」。這也是因為嫉妒發作，而轉變成毀滅性人格所致。他們就像這樣，向女兒發送「妳已經無法回頭」的訊息，破壞女兒和渣男分手的機會。

如上述的例子，在當事人找人傾訴的瞬間，就決定了她無法擺脫渣男的下場了。那麼，當事人應該如何應對？這裡也一樣，只要承認對方的孤獨就可以了。

當心中浮現渣男的身影時，就在腦中告訴自己：「我承認對方男性的孤獨發作。」同樣的，想找人傾訴時，就在心中默唸「我承認朋友是孤獨的」和「我承認父母是孤獨的」。

第七章

朋友不用多，只挑選你想深交的

1 天鵝因為寂寞，只好跟鴨子走

有時在電視綜藝節目或社群網站上，看到大家很開心的影片或照片時，是否會覺得自己可能不像那些人一樣，懂得享受人生，或覺得只有自己形單影隻，好孤單？

之所以會這麼想，是因為觀看者的孤獨被激發、引起發作，覺得不和某個人在一起，內心就會不安。

人們在這種時刻往往會坐立難安，開始聯絡朋友，然後配合朋友的時間出門。當下跟對方在一起時，會覺得很開心，但回家之後，不安又會湧上心頭。他們的內心會認為：「朋友如果不理我，那就糟了！」接著慌忙寫電子郵件或傳訊息感謝對方，如果對方沒有回信，又會陷入不安。

社群網站上朋友那麼愉快，只有我孤單寂寞

因為擔心自己被排擠，內心便會一直不安，然後又會再和朋友見面，過後又再度陷入不安……這樣的狀況不斷重演，最終便無法擺脫。

但說到底，那些人把看似跟大家相處得很愉快的照片，傳到社群網站上，難道他們內心就沒有絲毫的孤獨嗎？答案是否定的，其實他們才是被孤獨纏身的人。

明明是這樣，但有些人看到這些照片後，會誤以為大家都有人陪伴，只有自己孤獨一人，這很可能就是他們無法擺脫的原因。

前面也稍微提到，看起來越不孤獨的人，其實內心越孤獨，前述的實驗已經證明了這一點。

在第一章介紹過的麻省理工學院研究人員，用大鼠來做實驗，發現大鼠如果腦部與孤獨相關的區域較活潑，在團體中的社會地位則較高。而在團體中社會地位較高的大鼠，也可說是團體的領導者。換句話說，大鼠領導者腦中與孤獨有關的區域很活躍。

如果把這個結果套用在人類上，就表示社會性高、在團體中可妥善適應，而且有能力團結團隊的人，腦中與孤獨相關的區域比較活躍。所以在電視和社群網站上很耀眼的人，或許他們其實很孤獨。

人腦中有一種細胞名為鏡像神經元（mirror neuron），它會像鏡子一樣，模仿對方的腦部狀態。這種細胞的特徵，是會藉由模仿對方的姿勢和動作而變得更活躍，還會不斷模仿其他的事物。

孤獨會透過鏡像神經元傳播

像是旁邊有人很緊張，我們也會跟著緊張起來，這就是因為鏡像神經元的關係。同樣的，關注腦部與孤獨相關的區域十分活躍的人，自己也會變得孤獨。所以我認為，在電視等媒體尚未成熟前，人們不太會認為非得與他人結伴，否則就會不安、寂寞。

特別是現在，社群網站發展得如此成熟，上傳愉快的照片到臉書或Instagram的人，其實等於是在散播自己的孤獨，不停擴散給前來觀看的人。

在高級飯店的派對中，身穿昂貴的流行服飾、談笑風生的人，或許內心也隱藏著很深的孤寂。他們的社會性強，建構了令人欣羨的團體，所以可推測腦部與孤獨相關的區域正活潑的活動著。或許也可以說，十分適應社會、朋友多、看起來很快樂的人，其實內心非常孤獨。

他們拚命讓自己看起來過得很愉快，可能就是為了排解寂莫。

朋友太有錢、太美麗，也會令人感到不安？

另外，如果隻身一人，就會感到不安、寂寞，這也和朋友之間的落差有關。現代社會以平等為尊，但實際上因為每個人的成長環境、財富和智商的差異，肯定會出現不平等。

朋友之間也是一樣，每個人的天生條件不同，當你了解現實、知道一切其實並不平等之後，心裡就會萌生「大家應該要平等」或「太卑鄙了」的情緒，然後覺得自己和其他人不一樣而激發孤獨，最後引起發作。

於是，團體中的成員會被某人散發出的孤獨刺激，所以就算大家相處得愉快又融洽，孤獨也會不斷擴散。然後，當你想排解這份孤獨時，就會陷入內心寂寞而無法擺脫，不得不和大家一起行動。因此當你在朋友群中感到不安和寂寞時，可試著在心中默唸：「我承認他們的孤獨發作。」

只要承認這一點，就能更冷靜的看待朋友，開始覺得自己不見得非得要參加活動。會這樣想，是因為朋友的團體不適合自己。

同樣的，如果在社群網站看到一群朋友，趁自己不在的時候玩得很愉快，因此內心覺得「怎麼這樣背著我獨自去開心」的時候，請試著默默告訴自己：「我承認自己的孤獨發作。」這同樣會讓你覺得，自己好像不用參加他們的聚會也無妨。

當你這樣默默的告訴自己，便可以把自己的潛意識拉回現實世界，進而邁向更適合自己的美好世界。如果一隻天鵝因為寂寞，而跟著一群鴨子走，最後只會變得更悲慘和更孤獨罷了。

2 退出群組，你需要被討厭的勇氣

學生家長「媽媽團」之間的交際很麻煩，卻又不容易斷絕。或許是因為擔心萬一斷絕了，自己的小孩在學校會被孤立。但這裡的重點在於，自己是不是真心想和其他媽媽交際？我們思考時，必須暫時把孩子擺一旁。

如果覺得和其他媽媽交際往來很麻煩，那很可能是媽媽團裡有人嫉妒妳。因為受人嫉妒，所以妳才會覺得麻煩。說到底，一個群體內本來就會有各式各樣的人，理所當然會有經濟、社會，甚至是智能上的差異。

但因為大家的孩子都上同一所學校，就會感受到「大家要一樣」的心理壓力。如果其中一位媽媽，在某些方面比其他媽媽優秀，正如前面說的，她們就會覺得這位媽媽「很奸詐、狡猾」，然後產生嫉妒的情感。

被嫉妒的，通常是團隊中的弱者

某位日本女藝人曾說過：「對我來說，嫉妒就像是化妝水。」然而，一般人很難嫉妒臉皮比較厚的人。「喔呵呵呵！我可是放下身段、和你們這群庶民來往喔。還不感謝我！」像這類，很明顯是「強者」的人，就不會成為眾人嫉妒的對象。

會成為他人嫉妒的對象的，反而是弱者。

為何要嫉妒弱者，也就是比自己弱、不如自己的人？其實不一定要是經濟能力較差的人，才會成為弱者。假設在媽媽團中，有人講話比較畏首畏尾，光是這樣，她在與周遭人的權力關係上，就會被視為弱者。這樣的弱者，如果她的孩子書讀得比其他人的孩子還要好，其他人就會嫉妒發作，覺得她「明明是弱者，還這麼臭屁」。

如果持續遭受這種嫉妒，就會陷入習得無助，導致「想擺脫媽媽團，卻擺脫不了」的情況。而且通常當事人想要擺脫的時候，其實就已經被當作弱者了，也就更難以阻擋來自其他人的嫉妒。

讓自己從拒絕不了，變成能夠回絕

如果妳也無法離開或擺脫媽媽團，這時可以採取的有效對策，就是先前曾介紹過的「奉獻此時此刻」這句話。在心中默唸「我奉獻此時此刻」這句話之後，妳的潛意識就會注意到，自己正為了孩子，奉獻出此刻寶貴的時間。

無可取代的此時此刻正一點一滴的流失。當妳注意到這一點，就會湧現完全相反的思維，開始覺得：「這樣下去真的好嗎？」「不，我不想把時間浪費在這種事情上。」

於是妳會更想要去做自己喜歡的事，並埋首於感興趣的事物中。之所以開始新的興趣，不是為了要找個理由、拒絕與其他媽媽來往交際。透過默唸「我奉獻此時此刻」，誠實面對自己的孤獨之後，自然就會投向自己想做的事情。

如此一來，就會從顧慮媽媽團其他成員想法的弱者，轉變為做事隨心所欲的強者，這樣一來就不會再受到嫉妒的攻擊。然後妳會自然而然的改變，開始能夠回絕邀請：「我無法參與大家的聚會。」這會讓妳覺得好笑，發現原來這麼簡單就能擺脫麻煩的交際！

Ａ女有一個讀小學的女兒，她的女兒和同班同學在同一個地方學鋼琴，每次送女兒到教室後，同學的媽媽Ｂ女都會約她喝咖啡。然後Ｂ女會一如往常的用ＬＩＮＥ找來其他媽媽，開始聊一些沒營養的事，例如說其他媽媽和級任老師的壞話，或是藝人的八卦等。

最後這位媽媽肯定會說一些話挖苦Ａ女，讓她感到不悅，像是「我們哪像妳這麼好！大小姐出身的」。Ａ女每次都委婉的希望她不要這麼說，但過了一段時間後，對方又會說同樣的話挖苦Ａ女，每次都會讓Ａ女覺得很不開心。

為什麼這位Ｂ女會一直說同樣的話？原來是因為嫉妒發作、造成她記憶缺失。但Ａ女擔心，如果發脾氣，可能會影響到女兒在學校的人際關係，所以雖然討厭Ｂ女，卻怎麼也擺脫不了她。

某次，Ａ女又被挖苦而感到不悅時，她試著在心中默唸「我奉獻此時此刻」這句話。然後在這個瞬間，她清楚理解到，自己正為了女兒，犧牲此時此刻寶貴的時間。

接下來，A女採取的行動是斷絕關係。她告訴B女：「我不想再跟妳來往了！」她果斷終結不愉快的交際，選擇改變方向、創造能讓自己快樂的人際關係。很意外的，人們其實能輕易的改變。

如果妳不想跟其他媽媽往來，但又擔心孩子的人際關係會出問題，所以一直沒有勇氣擺脫她們。這個時候請試著默唸「我奉獻此時此刻」，妳就能確信：「不對，自己的孩子不會有問題。」進而覺得跟這些人繼續來往，孩子才會變得奇怪。這真的很不可思議。

某位女性加入了一個LINE聊天群組，她覺得這樣一來，終於能擺脫心中的孤獨。但在群組中，卻只有自己的訊息被已讀不回，或是貼文沒人按讚，結果她的內心反而比過去更孤獨了。

她想離開這個群組，可是卻怎麼也戒不掉看ＬＩＮＥ的習慣。如果自己的留言都沒人喜歡，她就會覺得是不是自己寫的內容很無聊，結果只會留言附和大家。因為不這麼做，她就會覺得只有自己被群組排擠，最後能選擇的選項就越來越少了。她想脫離ＬＩＮＥ群組，但一想到之後會落人口舌，就覺得自己怎麼也擺脫不了。

終於有勇氣退出無聊的ＬＩＮＥ聊天群組！

就讓我來告訴大家，這種時候應該如何應對，那就是以「美好」當作基準。不管做什麼，都用「這是不是一件美好的事」來判斷。

只做美好的事，反之則不碰。只要用這樣的基準來判斷，其他團體成員就不會把你視為弱者。就這樣，只挑選美好的事情來做，不美好的事情就不做，便能輕鬆做到退出ＬＩＮＥ群組這種小事。也就是說，只要不成為弱者，就不必承受來自周遭人的嫉妒電擊，最後就能擺脫習得無助，自己主動退出群組。

不只限於ＬＩＮＥ群組，當你猶豫是否要加入某個團體時，請試著問問自己：「加入這樣的團體，是一件美好的事嗎？」如果答案是「不」，那麼選擇不加入比較好。

除了愉快之外，只挑選美好的事情去做，這樣就能自動擺脫醜陋的事物，接著總有一天會遇見美好的同伴。

第八章

天天想離職，就是走不了！

1 擊退職權騷擾的聰明選擇

我在公司上班時，曾經和朋友商量關於被主管職權騷擾的問題，但朋友不僅沒有好好聽我說，反而還怪我：「這都是因為你不好。」讓我覺得莫名其妙。

我很不開心，心想：「我的工作表現的確不夠完美，也沒辦法百分之百滿足主管的要求，但既然你是我的朋友，就應該站在我這邊吧！」

大家讀到這裡，或許能明白到底是怎麼一回事了。

因為受到主管職權騷擾而去找人商量，這件事本身就是向傾聽者示弱，承認自己處於「弱者」的立場，所以朋友才會嫉妒發作，下意識的說出「是你不好」這種毀滅性的話語。朋友深信他是為了我好才苦言相勸，但這就是發作的證明。因為在發作的時候，思考也會陷入僵化。

因此朋友才會說出「是你不好」這類傷人的話。而傾訴者遭受對方發作產生的電擊時，也會失去彈性思考。

職場中的弱者，成了被職權騷擾的主角

那麼，在職權騷擾的職場中，到底發生了什麼事？簡單來說，各位可以想成主管是因為忌恨引起發作，才會做出職權騷擾的行為（稍後將會說明）。受主管職權騷擾的員工，會因此而「被電擊」，思考也會僵化，陷入動彈不得的狀態。

結果該員工的工作表現越來越差，在職場中也逐漸淪為「弱者」，接著會誘發其他員工的嫉妒，陷入持續「被電擊」的狀態，也會因此增加工作上的失誤，無法確實做好交辦的業務。

就這樣，受到職權騷擾的員工會出現「明明知道卻做不到」的症狀。到了這個地步，該員工已經完全陷入習得無助的狀態，因為思考會停滯、僵化，因此連想離職或換工作，都沒有辦法。

因為周遭人質疑自己的工作能力，所以待在公司時會感到不安，覺得自己可能會被解雇，擔憂「要是沒了這份工作，就走頭無路」或「社會拋棄我了」，這也會引起自己的孤獨發作，進一步陷入無法辭職和無法擺脫的狀況。

過去以來，人們常用一個陰險的方法，來擺脫職權騷擾，那就是在職場中找一個比自己更弱勢的人來攻擊，而且會毫不留情的把對方修理得體無完膚。這樣一來，自己就不會再受到職權騷擾。

職權騷擾是一種嫉妒攻擊

職權騷擾之所以會停止，一般認為是因為周遭人都把你視為危險人物，所以不敢招惹你，但其實真正的原因，是你不再被當作弱者。就心理學來說，一變成弱者就會承受嫉妒攻擊，所以只要轉移目標、攻擊其他人、製造出「不如自己的弱者」，嫉妒的能量就會往那邊移動、集中。而且要注意一點，就是不能同情你攻擊的對象，一定要心狠手辣摧毀對方。

然而，在現實生活中，已經無法像過去一樣，能明目張膽的採用這種方法了。不過在網路世界裡，這種手法可說是變得更激烈和陰險。

這種職權騷擾擺脫法就算再有效，但是聰明如各位，想必也不會真的去實行吧。因為大家都懂得「己所不欲，勿施於人」的道德觀念，知道對他人不仁，遲早會報應在自己身上。

但這種「聰明」，卻會誘發上司的忌恨。如果你越是聰明，主管就越容易集中攻擊你，所以會因為習得無助，導致思考停頓。但不要緊。因為你很聰明，所以就算遭受職權騷擾，你只要發揮聰明才智，就能輕鬆擺脫弱者的立場。

為了脫離習得無助的狀態，你得先捨棄「自己不夠聰明」的想法，而是要去想主管就是因為你聰明，才會忌恨你。遭受職權騷擾時，往往會讓你誤以為自己不聰明、不能幹。

該如何才能捨棄這種想法？只要心想「原來主管只是在忌恨自己」，你就能脫離習得無助，邁向自由之身。

然後，當你又受到主管的職權騷擾時，你可以把謾罵當成耳邊風，同時在心中默唸：「現在最聰明的選擇是？」（順帶一提，「聰明的選擇」，在英文中是「Wise Choice」）。奇妙的是，當你以前遭受主管的職權騷擾時，只會僵在原地、不知如何是好，但現在你卻能採取出其不意的行動，反將主管一軍。

用這句話拉自己一把：「現在最聰明的選擇是？」

有一位男性，他的主管情緒很不穩定，經常動不動就對他口出惡言。「你做的事連一塊錢也賺不到！給我好好工作！你丟不丟臉啊！」主管會在眾人面前怒罵他，讓他驚慌到無法反駁、僵在原地。

遭受這樣的攻擊時，當事人越是受大家注目，頭腦就越容易當機。所以主管會罵得更厲害……這樣的狀況一直重複，這位男性逐漸變成眾人眼中「工作不能幹的人」。

後來，我為他進行心理諮商，他理解這是因為主管忌恨自己的聰明，所以他才會被主管職權騷擾。男性似乎很驚訝，說了一聲「難以置信」後，不由得笑了出來。而且他也察覺到，自己在工作上的確會發現到主管忽略的事。不僅如此，他也覺得必須處理主管的職權騷擾行為，這也是為了其他同事好，於是他決定拋棄「自己不夠聰明」的想法。

「喂！這份資料寫得亂七八糟的，到底是怎樣！」接下來，當主管大聲斥責他時，他決定試著在心中默唸前面提到的那句話：「現在最聰明的選擇是？」接著他便採取行動，轉身背對主管、直接回家。

明明至今為止，我都是低著頭，不發一語的聽主管訓話……這位男性也很驚訝，自己會採取這種行動。

更驚訝的是周圍的同事。他一直以來都是單方面承受攻擊，現在居然能不理會主管的制止，開了門就走……據說當時周圍的人看到這副景象，全都傻眼了。男性返家後，內心開始覺得不安，但此時他一樣默默問自己：「現在最聰明的選擇是？」於是他選擇外出享受美食。

吃完飯回家後，他看到主管站在他家門前，大概是慌忙從公司追過來吧。主管說了一句他從來沒聽過的話：「剛才很抱歉……。」這時，這位男性又在心裡默唸：「現在最聰明的選擇是？」接著，他自然而然的說出：「請讓我考慮一下要不要接受。」

說話的同時，他想開門進屋，結果主管發出哀求的聲音說：「你等一下！我不是專程來你家跟你道歉了嗎？」「現在最聰明的選擇是？」男性又在心中默默問自己，然後接著說：「不需要！」之後便不甩主管，砰一聲的關上門。

隔天早上睡醒後，他開始擔心自己會被開除，但一樣默唸：「現在最聰明的選擇是？」之後，他毫不猶豫的準備前往公司。

「某某某！到我辦公室來一趟！」到了公司，果不其然主管找他去說話。「現在最聰明的選擇是？」他默唸完之後，無所顧忌的走進主管的辦公室。結果主管立刻大聲訓斥：「某某某！你擺出這樣的態度，我要怎麼帶其他人！」

這位男性這時大聲回擊：「你沒辦法帶其他人，那我在大家面前被臭罵，又要怎麼做人！」主管的氣勢輸給了他，沮喪的說：「我覺得很抱歉。所以你今後是不是也能留意一下我的立場？」

男性再次默唸：「現在最聰明的選擇是？」接著他回答：「我知道了。這件事就到此為止。」然後走出主管的辦公室。

這時的他在心中誇讚自己，覺得自己真是帥呆了。他終於明白，原來只要活用自己原本具備的聰明才智，就能夠瀟灑且愉快的擺脫職權騷擾。

2 職場金律：千萬不要替別人著想

有一位女性，她的原則是「別人拜託工作，從不拒絕」。不管是什麼工作，她都會接下，也不會露出厭惡的表情。但長久下來，卻發生了一些狀況，讓她覺得：「咦？我自己也有工作要做，現在勉強抽出時間幫忙你，結果你還要求一大堆，這是怎麼回事？」

這是當然的，因為交辦工作給她的人，根本不會在乎她的心情和是否正在忙，所以一聽到她還沒處理好交辦的事情，就會對她動怒，覺得「妳都做了其他人的工作，就沒做我的」，同時導致孤獨發作。

不懂拒絕？當心累死自己又不討好

「妳不是說中午前會處理好嗎！這段時間妳都在做什麼啊！」甚至有些人還口出這種惡言，令人難以置信。

這位女性聽了之後很難過，覺得自己都把自己的工作往後延、先做你的事了，現在稍微慢了一點，就要被你說成這樣嗎？接著，也因為認為「我這麼替別人著想，卻沒人理解我」而引發孤獨感，結果這次換這位女性發作了。

此時的發作反應有很多種，例如提不起勁處理他人交代的事情，或是明明自己工作一大堆，心思卻放在別人交代的工作上，最後兩邊都沒處理好。於是，交代工作給她的人，就會瘋狂催促，逐漸把她逼入絕境。

這種心情就像被趕牛棒追趕的牛一樣，想停在路邊吃個草，就會被人電擊，完全無法休息。

這位女性原本是出於好意，希望能夠幫對方的忙，結果卻好像理所當然似的，不停被交付工作，這讓她開始疑惑，懷疑這麼做是否真的對自己有益。因為交代工作給她的人，也只是像流水生產線作業一樣，把工作丟給她罷了。

這工作是為了自己？還是為了對方？

原來，在她心中還有些許期待，覺得接下別人請託的工作後，或許對方會感謝自己，進而獲得群體感。但這種幻想很快就破滅了。

現實的情況是，無論這位女性幫不幫其他人的忙，大家工作起來，就像在生產線工作一樣相當冷漠，一個工作結束了就換下一個，其中根本不存在群體感。

另外，她也注意到：「自己只是不想被對方討厭，才拒絕不了別人請託的工作。」之所以會去替對方著想，是因為「不替別人著想的話，自己就必須面對孤獨」。換句話說，她因為不想面對自己的孤獨，所以才會一直替對方設想。

也就是說，這位女性害怕被討厭之後變成孤單一人。結果，她只是因為腦部感受孤獨的區域受到刺激而引起發作，導致「拒絕」的念頭無法發揮作用。

這邊有一個提示，可以幫助她解決問題。

既然替對方著想，會增強自己內心的孤獨，那麼只要不替對方著想，就能避免孤獨增強，而且也不會引起發作，這樣或許就能淡然的為了自己而工作。

於是，為了不讓自己的孤獨發作，她決定當其他人拜託自己幫忙處理工作時，先問自己：「這工作是為了自己，還是為了對方？」

奇妙的是，這讓她了解，來拜託她處理工作的人，腦中其實都只想著他們自己。她又進一步看見一個理所當然的現實：「什麼啊，大家做事都是為了他們自己罷了。」

於是，她成功的讓自己抱持信念：「選擇只為自己工作，不再為人作嫁！」這樣一來就解決問題了。

越是為了自己工作，就會越有自信。沒錯！這位女性無法提升自我肯定感，就是因為孤獨發作，導致她無暇處理自己的工作。「這是為了自己，還是為了對方？」如果你也陷入和這名女性相同的處境，請務必實際體驗這句咒語的功效。

3 別傻了，你只是看起來很努力

某位三十多歲的女性，一直在猶豫是否該跳槽到A公司。所以她跑去問先前待過A公司的人，對方說：「在A公司工作，很辛苦喔。」但這位女性覺得，對方是因為吃不了苦而離職，所以才會說那種話。她覺得自己絕對沒問題，所以還是跳槽到A公司了。

人們的心理一般都會認為：「這只是對方的做事方法不好，如果是我的話，一定會有辦法。」這名女性剛進A公司時，心中也是自信滿滿。

然而，A公司其實就是俗稱的黑心企業。

自信心瓦解，本來以為自己沒問題

這位女性即便努力工作，也拿出了成果，但公司的要求卻無止境的增加。順利完成工作後，主管不會誇獎半句，卻只會針對沒做好的部分處處挑毛病，還會要求員工反省，為什麼做不好。

這樣一來，不僅不會提升員工的工作幹勁，有時工作還會被塞到滿檔，讓這位女性時常萌生換工作的念頭。但她只要一想到「如果我就這樣走了，其他人會很辛苦」，就無法辭職。她事後回顧，表示當時的感覺，就像同事或部屬被當成了人質。

這位女性一直被主管百般挑剔，自我肯定感也不停降低，總覺得自己這麼糟糕，就算去其他的哪一家公司，都一樣派不上用場。

某次她下定決心到其他公司面試，但因為在目前的公司處處被挑剔，讓她的外表看起來很沒自信，所以一直沒有公司願意錄用她。最後她變得很自卑，以為只能找條件比目前的公司更差的地方，所以一直無法逃離黑心職場。

化嫉妒為能量！

公司經營者倘若孤獨發作，就會讓該公司變成黑心企業。

經營者的發作會激發員工的孤獨，員工不想被拋棄，也會因此而發作，然後對經營者唯命是從。其中，弱勢員工更容易成為目標，他們被塑造成全公司的代罪羔羊，變成最初的犧牲者。

這裡暫且先介紹一個關於壓力的知名實驗。

實驗中準備了兩隻猴子，其中一隻身上纏了鐵絲並通電，然後另一隻猴子會拿到可停止電流的開關。實驗最後得到一個很有意思的結果，相較於被電擊的猴子，設法停止電流的猴子，反而會因壓力性胃潰瘍而早死。

之所以會出現這種結果，是因為替別人著想時，對方的壓力會透過腦的網絡傳到自己身上，所以越是替別人設想的人，反而越容易受到壓力的傷害。

在黑心企業中，員工之間也會發生相同的狀況。從一個代罪羔羊開始產生連鎖反應，不斷增加犧牲者。

此外，還會衍生出另一種心理，就是誤以為「自己在這種惡劣的環境中很能忍耐，也很努力」。這樣的人會覺得，自己就像連續劇裡的主角一樣悲情，也不會主動離開身處的惡劣環境。

而且，此時如果有人下定決心想逃離，那麼一起在職場受苦的同事們，就會同時引發嫉妒發作。即便想偷偷找工作，同事還是會透過腦的網絡隱約得知這件事（按：例如，有時同事之間常會謠傳「某某人是不是偷偷在找工作」的情況）。

然後同事就會一邊用「趕快換工作比較好」或「我會為你加油」之類的溫柔話語安慰當事人，一邊展開嫉妒攻擊，讓他簡直就像掉入嫉妒的大熔爐。於是他會被制約，害怕獲得自由，讓他即便想擺脫黑心企業，最後也擺脫不了。

這裡推薦一句很有效的咒語，就是「化嫉妒為能量」。

當你開始猶豫該不該換工作、離開黑心企業的時候，不妨換個想法：「我要有效的利用同事的嫉妒能量。」然後在心中默唸：「我要化嫉妒為能量。」

這樣一來，你就能一口氣提升換工作的動力，心中也會不斷湧現對於未來的希望。接著你就會相信：「連我都能找到自由，那麼公司的其他同事肯定也可以！」

第九章

擺脫「沒用的自己」

1 想戒酒，就要正視真正的自己

俗話說：「酒是百藥之長。」但如果喝酒喝過頭、隔天宿醉頭痛，往往會讓人後悔喝得太多，不過之後卻還是會繼續喝酒，這大概就是酒的魔力吧。

事實上，酒精的確會讓人成癮。但是為什麼有的人會成癮，有的人卻不會？有些人喝的時候會豪飲，但平常即便滴酒不沾，也不會怎麼樣。有些人卻每天都要小酌，這其中的緣由是什麼？

我看過許多人十分懊惱自己酒後性情大變，最後成了無法控制自己的廢人。某位男性曾經也很傷腦筋，覺得平常只是很愉快、很普通的喝酒，可是偶爾卻會失控狂飲。造成「狂飲」的原因到底是什麼？是喝酒的方式不對，還是酒的種類？這位男性自己也不斷思考，最後他發現了一件有趣的事情。

孤獨的人戒不了酒

那就是，跟經常會灌酒灌到失憶的人一起喝酒的話，自己也會喝得無法節制。

前面曾提過，人類的腦部有一種細胞，名叫鏡像神經元，會像鏡子一樣模仿對方的腦部狀態。這種細胞會因為模仿對方的態度或動作，而變得更加活躍，甚至連其他的事情也一起模仿。

換句話說，當對方的腦部發作，出現喝酒喝到失憶的狀況時，這位男性因為鏡像神經元的作用，他的腦部也模仿對方、導致自己也一起發作，所以才會一喝酒就停不下來。我詳細詢問這位男性，他告訴我，因為他離婚的緣故，使得喝酒的量增加了。

這裡可推測，離婚造成的孤獨也和發作有關。這位男性喝酒後會感覺孤獨感被沖淡，但酒醒後卻會覺得比以往更孤單，所以孤獨的發作也會越來越嚴重。

真正的自己，這句咒語能幫助你停止酗酒

大學時代，我有個朋友因為被喜歡的女生甩了，所以狂灌酒灌到失憶。或許是因為被甩，引起他的孤獨發作，所以他才會依賴酒精。後來，

朋友從隔天開始，連續一週沒來上課。即便這段期間有重要的考試，他一樣沒出現。

喝酒會加強孤獨的發作，並引發毀滅性人格，讓他自暴自棄的覺得上課、考試根本不重要，或是學生生活會變得多麼糟糕都無所謂，然後不停酗酒。

但如果藉由喝酒麻痺自己的孤獨，只會讓孤獨更容易發作，而且會讓自己轉變成毀滅性人格。結果會讓自己走向自毀的道路，如字面上的意思一樣，會讓自己變成一個廢人。

生活變得越糟糕，就越容易覺得孤單寂寞，這會成為發作的契機，進而轉變成毀滅性人格。再這樣下去，當事人會越來越像一個孤獨的廢人，更擺脫不了對酒精的依賴。

發作還有一種特性，就是越想停止，就會越嚴重，所以如果你想控制自己戒酒，就等於想停止發作，這反而會讓事態更嚴重，讓你更擺脫不了酒精。

所以，在這種時候，不要一直想著抑制發作，可以在平時的生活中默唸「真正的自己」這句話。當你默唸這句話後，看到的就不再是無法擺脫酒精的廢人，而是真正的自己。工作時也一樣，在心中反覆默唸「真正的自己」，你會發現工作變得更愉快了。

用真正的自己活著，而非發作時的自己。這樣一來，圍繞在你身旁的世界，就會逐漸改變。然後不可思議的是，你會在不知不覺中從孤獨中解放，覺得：「真正的自己應該不需要喝酒！」

2 想戒賭，只要不再扮好人

迷上賭博後，人們就無法冷靜的判斷。

就算一開始想著：「我要冷靜、毫無得失心的賭。」但等到連輸好幾把之後，心情就會越來越激動，滿腦子想著「非得要靠下一把贏回來」，接著就會不計後果的亂下注，最後賭光手上所有的錢。

嗜賭的人以為自己到這一步就會死心，結果回家後卻開始找有沒有剩下的錢，最後甚至向家人的錢下手，或是不停找個人融資借錢，最後演變成無法償還巨額債務的地步。到了此時，嗜賭者會陷入嚴重的自我厭惡，覺得事情不應該變成這樣。

嗜賭者會認為：「只要能還錢，就能一口氣改變人生。」然後低著頭、拉下臉請家人和親戚幫忙還賭債，但過了不久又迷上賭博，想要贏回之前輸掉的錢，債務也會像滾雪球一樣，在不知不覺間越滾越大。

無法戒賭，是因為發作

從「無法控制自己」這一點來看，賭博也和發作有關。

某些人平時是非常好的人，但一沉迷賭博、開始輸錢，他就會發作、轉變成毀滅性人格，甚至讓你懷疑，這真的是同一個人嗎？因為這是腦部的發作，所以本人無法控制，而且越是想要阻止，就會發作得越嚴重。

所以遇到沉迷賭博、嚴重到不計代價的人，如果勸他今後千萬別再賭，或是幫他還賭債，都會造成反效果。因為這會讓他頻繁的發作，最後掉入賭博的無間地獄。

用一句話解放自己：「自己非得這樣演下去嗎？」

其實，無法戒賭的人，也知道自己賭博成癮。在大多數的案例中，他們會拚命想隱藏，不讓周圍的人知道自己愛賭。

「如果周遭人知道我是一個好賭成性的廢人，就會離我而去……。」他們因為害怕這一點，這同時也會刺激腦部感受孤獨的區域，而成為發作的原因。

另外，賭博成癮者通常非常溫柔、很能忍耐、值得依靠、個性坦然，看起來是個很有魅力的人物。這是因為他們拚命努力，不讓周圍的人發現自己是個沉迷賭博的廢人，其實這也是最大的問題所在。

當事人為了不讓身邊的人發現，越是扮演好人或值得依靠的人，就會越感到孤獨，覺得沒有人願意理解真正的自己。孤獨感加深，就會頻繁引起發作，這會讓他們做出毀滅性的行動，把借來的錢全部拿去賭博、孤注一擲。

孤注一擲如果賭輸了，又會感受到有如被神明拋棄的孤獨感，進而持續的發作。最後落得失去家庭關係、人際關係和社會地位的地步。

戒不了賭的人，一旦進了賭場，會因為「看到在場的人都跟我一樣」而感到安心，進而麻痺孤獨。柏青哥、麻將和賽馬都一樣，聚集在現場賭博的人都很孤獨。但只要覺得不是只有自己一個人在賭，孤單的感受就會因此而舒緩。所以當他們感覺孤獨時，就會晃到賭場去。

在那種場合，即便覺得周遭人都跟我一樣，但當事人如果一直賭輸，就會因為覺得「大家都在贏錢，只有自己一直輸」而引起孤獨的發作，進而採取更激烈的毀滅性行為。

另外，賭場一定也會有人因為賭輸而發作，因此就算覺得自己很冷靜，也會因腦部鏡像神經元的作用，不知不覺開始模仿賭輸而發作的人。然後，自己也會隨之發作，轉變成毀滅性人格，故意採取會賭輸的賭法，例如想靠萬馬券（按：花一百日圓下注，贏的話就可以獲得一萬日圓彩金的賽馬券）一次致富等，但當事人不會注意到自己處於發作狀態。

對這類無法戒賭的人，建議可在日常生活中（而不是在想賭博的時候），在心中默默的問：「自己非得這樣演下去嗎？」光是這麼做，事情就會自然往好的方向轉變。

戒不了賭的人，因為在根本上覺得自己是廢人，為了不讓其他人發現，所以才會扮演好人或順從的人，累積了許多內在壓力。

這樣的人只要在心中默唸：「自己非得這樣演下去嗎？」如此一來，原本的自己，也就是當事人覺得是爛人的自己，就會自然展現在人前。但這不要緊。他們應該會實際體會到，就算別人看見糟糕的自己，也不會有人因此離開。

然後他們會了解，原本以為自己的本性很糟糕，但其實卻意外的正經，這會讓他們覺得：「專程跑賭場、讓自己變成廢人，實在很蠢。」

「自己非得這樣演下去嗎？」這句話有很深的含意。不只是戒不了賭的人，想要重新審視自己的時候，也建議你在心中重複問自己：「我非得這樣演下去嗎？」

3 工作老做不久，問題可能出在你的母親

某位二十多歲的女性，換了新工作後，總經理對她很滿意，但聽說她的其他同事卻很糟糕。

她在上一個職場學到如何有效率的工作，但拿到新職場來應用後，某位女性前輩卻說她：「根本不懂工作怎麼做！」然後硬要她換回舊的那一套方法。但她還是照樣用自己的做法，於是老員工就跑去跟主管說：「她一點工作都做不好。」結果主管的態度也轉趨冷淡，讓她覺得去公司上班很痛苦。

很明顯，這是職場的問題，但這位女性卻覺得是她自己不好、老是在換工作，而且無法跳脫這樣的想法。「其他同事都確實完成工作，為什麼只有我一直遇到麻煩？」她一想到這裡，就覺得自己很丟人。

剛到新職場，卻發現自己一直遇到麻煩

這裡的重點，一樣是孤獨的發作。這位女性只是被老員工稍微唸了一下就眼泛淚光，然後悲觀的覺得自己完蛋了，這就是一種發作。為什麼只是被前輩唸一下就會這樣，是因為她認為只有自己一天到晚被罵，使得腦部感受孤獨的區域被刺激，這也成為發作的契機。

就算工作得很愉快，只要被否定或被要求修正，就會覺得「只有自己被否定」而感受孤獨，然後就哭泣或鬧脾氣。之所以會這樣，是因為在發

作時，整理腦內記憶的區域也受到刺激，進而引出孩提時代的悲慘感覺。

換句話說，當事人會變得像小孩子一樣，無法做出成熟大人應該有的應對。所以，周圍的人就會覺得這個人有點奇怪，被稍微唸一下就哭。於是當事人也會覺得自己跟大家不一樣，進一步因孤獨而發作。最後就會出現幻想，以為大家都想陷害她，或認為「大家都在嘲笑我的失敗」。所以才會覺得自己在這裡待不下去而離職。

來自母親的訊息：「回來我身邊！」

等到當事人真的辭職後，就暫時不會再發作，所以當她回神後，反而會覺得奇怪：「為什麼我會離開那間公司？」在公司裡感受到的極度不愉快，其實只是孤獨發作，而讓你體會到的幻想，這一點卻令本人完全想像不到。

這位女性會這樣不斷換工作，其實原因出在一個令人意外的地方，那就是她的母親。

就算和母親分隔兩地，雙方的腦部還是能透過腦的網絡連結。如果遠在他方的母親，與自己相互依賴，當事人感受到的孤獨就會透過腦的網絡傳遞給母親，這股孤獨會在母親的腦內增大後再傳遞回來，讓女兒也跟著發作。

母親和女兒早就透過腦的網絡連結在一起。我敢這麼說，是因為女兒已經轉變成「小孩子的狀態」。被人唸一下就眼泛淚光，遭到堅決否定就會哭出來，這是因為她的精神狀態已經變成了宛如小孩子一樣。這其實就是她經由腦的網絡，和母親的腦相連的證據。

對母親來說，孩子不管到了幾歲，永遠都是孩子，特別是當孩子無法脫離母親自立，而出現相互依賴的狀態時，母親就會發出訊息：「回來我身邊，我會保護妳。」

母親的內心其實不想面對自己的孤獨。所以只要一直擔心孩子，就不用面對它。沒錯！因為母親透過腦的網絡向孩子發送訊息：「回來吧！回來吧！回來我身邊！」所以孩子才會覺得：「我的安居之地是母親身邊，不是現在這間公司。」

這樣一來，似乎打從一開始就已註定，這位女性不管怎麼換工作，都不會順利。換句話說，母親的孤獨和不安，造就了孩子的惡夢：「不管怎麼換工作，都不會受到認可。」

這位女性後來理解到，自己在公司會轉變成近似孩童的狀態，是因為母親的不安。被主管唸會感到不悅，其實也是因為「孩童般的精神狀態」。如果能理解這一點，就很容易解除這種狀態。

切斷與母親之間的腦的網絡

當事人只要在心中默唸「母親的不安」這句話就好。

如此就能變回原本的自己，展露微笑、面對主管，作出成熟大人應有的應對。而當她看不慣老員工的做法時，也一樣默唸「母親的不安」，就會察覺到自己能夠老實遵照前輩吩咐的方法，愉快的工作。

就這樣，這位女性終於逐漸脫離母親的束縛，同時也擺脫了工作都做不長久的狀況。

我們也可以廣泛的應用這個方法。當你湧現不愉快的情感或自暴自棄時，可試著在心中默唸「母親的不安」，把這些心情歸還給母親。只要內心下定決心：「我不打算再躲回母親的身邊。」然後默唸「母親的不安」，就能把這些負面情緒慢慢還回去。

當然，也有一種人生是不斷換工作，最後回到母親身旁。至於要如何選擇，也可在心中默默問自己「哪邊比較美好」，再做決定。

這裡不會有客觀的正確答案，只要選擇自己覺得美好的道路就好。為此，心中必須先默唸「母親的不安」，切斷與母親之間的腦的網絡連結。然後重新開始自己的人生，相信你未來的每一天，肯定會比現在更有趣。

後記 無法擺脫，是因為我想找回失去的母愛

我在寫這本書的時候，用了一個很有趣的方法，那就是「利用編輯的頭腦」。

我持續好幾年，都是靠自己的頭腦思考、寫稿，但因為「資源有限」，所以總有一天會江郎才盡。於是我決定透過腦的網絡，連結編輯的頭腦，利用他的智慧和知識來寫稿（本書中也曾提過，我相信有所謂的腦的網絡）。於是我發現：「喔！編輯眼中的世界好厲害！」甚至可以因此寫出自己以往寫不出來的內容。

因此，在撰寫後記時，我帶著全新的心情，想著這本書到底呈現了什麼樣的內容，並同時開始閱讀。

剛開始我想說，內容好像沒什麼了不起，覺得：「這本書是我一口氣寫出來的，內容只是我至今為止反覆進行的事情，應該沒有什麼了不起的東西吧！」結果明明是自己寫的書，但說也奇怪，讀到一半時，我卻越讀越起勁。接著我發現，自己讀到一半時，還會吐槽自己：「喂喂！這邊講得太專業了吧！」、「你還真是替讀者著想啊。」

另外，書中還寫了許多關於成癮的內容，這是一般人不太想觸碰的話題，也讓我有點擔心：「寫得這麼深入，讀者會喜歡嗎？」

但到了最後，謎底逐漸解開了。我發現自己之所以會這麼多事，率先寫出其他人可能不太想談的事情，最後給自己找麻煩，這都是因為我在追求母愛。想到這裡，讓我不禁斥責自己：「都一把年紀了，竟然還在追求母愛嗎？」

當我試著回顧，我在什麼狀況下會無法擺脫後，我發現在自己心中的某處，的確正在尋求母親的愛，因為我期望「如果待在原地不離開，或許能得到等同於母愛的東西」，所以才會無法擺脫一些事物。不管是被霸凌、被瞧不起或被壓榨，我一直抱持著不確定的期待，覺得如果繼續忍耐下去，或許能得到母愛。

其他人或許可以簡單斷言那個困境中沒有愛。但不曾體驗過母愛的我，卻無法接受這句話。畢竟愛是沒有實體的，沒人可以斷定什麼是愛。我在書中也堅信自己沒有體驗過母愛，但連我自己也搞不清楚：「為何我能這麼確定母親不愛我？」

不過，當我讀到最後，我全身起了雞皮疙瘩。因為我早就把答案寫在關於「問自己哪邊比較美好」的章節裡。

如果「哪邊比較美好」是以愛為基準，那一切就變得非常淺顯易懂。例如，我透過母愛，看到的是母親熬夜工作、辛苦維持家計，還有母親即便身體不舒服，卻還每天替我做飯的模樣。這些都是非常美好的身影。

我非常努力想回應這樣的母愛，但都以失敗告終，反而讓母親失望。我做的事情和成果都不美好，感覺像沾滿了黏稠的穢物。

所以當我問自己：「那邊有美好的事物嗎？」我就會感到內疚、覺得：「自己一定要追求美好嗎？」這種感覺就像如此醜陋的我，不配追求愛一樣。

我內心覺得自己無法追求美好事物中的愛，卻不斷做出渴求愛的行為，所以才會陷入「那個地方沒有愛，但我想擺脫卻擺脫不了」的奇怪狀態，讓自己多年來一直受苦。

當深陷其中的我，問自己「哪邊比較美好」後，我開始很不可思議的覺得：「啊！我似乎可以追求真正的愛！」

「哪邊比較美好？」當我這麼自問之後，我脫離了至今各種幻想的愛，而能夠自由展翅飛翔。是的，只要問自己：「哪邊比較美好？」就能隨時觸碰到隱藏在自己心中的那份真正的愛——伴隨著微笑。

Think 203

完美的擺脫

家人、感情、朋友、職場……
不能逃跑的人際關係，如何不再煩惱？

作　　者／大嶋信賴
譯　　者／林信帆
副 主 編／劉宗德
校對編輯／黃凱琪
美術編輯／張皓婷
副總編輯／顏惠君
總 編 輯／吳依瑋
發 行 人／徐仲秋
會　　計／陳嬅娟、許鳳雪
版權經理／郝麗珍
行銷企劃／徐千晴、周以婷
業務助理／王德渝
業務專員／馬絮盈、留婉茹
業務經理／林裕安
總 經 理／陳絜吾

國家圖書館出版品預行編目（CIP）資料

完美的擺脫：家人、感情、朋友、職場……不能逃跑的人際關係，如何不再煩惱？／大嶋信賴著；林信帆譯. -- 初版. -- 臺北市：大是文化，2020.10

208面；14.8 X 21 公分. --（Think；203）

ISBN 978-986-5612-38-2（平裝）

1. 孤獨感　2. 生活指導

176.52　　109009337

出 版 者／大是文化有限公司
臺北市 100 衡陽路7號8樓
編輯部電話：（02）23757911
購書相關諮詢請洽：（02）23757911 分機122
24小時讀者服務傳真：（02）23756999
讀者服務E-mail：haom@ms28.hinet.net
郵政劃撥帳號／19983366　　戶名／大是文化有限公司
法律顧問／永然聯合法律事務所
香港發行／豐達出版發行有限公司
Rich Publishing & Distribution Ltd
香港柴灣永泰道70號柴灣工業城第2期1805室
Unit 1805, Ph.2, Chai Wan Ind City, 70 Wing Tai Rd, Chai Wan, Hong Kong
Tel：2172-6513　Fax：2172-4355　E-mail：cary@subseasy.com.hk

封面設計／林雯瑛
內頁排版／陳相蓉
印　　刷／緯峰印刷股份有限公司
出版日期／2020年10月初版
定　　價／340元（缺頁或裝訂錯誤的書，請寄回更換）
I S B N ／978-986-5612-38-2
Printed in Taiwan